AF286623

Markus Berghahn

Entscheidende Fördermaßnahmen zur beruflichen Integration von Jugendlichen mit Beeinträchtigungen an der Schnittstelle Schule-Beruf

disserta
Verlag

Berghahn, Markus: Entscheidende Fördermaßnahmen zur beruflichen Integration von Jugendlichen mit Beeinträchtigungen an der Schnittstelle Schule-Beruf, Hamburg, disserta Verlag, 2021

Buch-ISBN: 978-3-95935-572-8
PDF-eBook-ISBN: 978-3-95935-573-5
Druck/Herstellung: disserta Verlag, Hamburg, 2021
Covermotiv: © pexels.com

Bibliografische Information der Deutschen Nationalbibliothek:
Die Deutsche Nationalbibliothek verzeichnet diese Publikation in der Deutschen Nationalbibliografie; detaillierte bibliografische Daten sind im Internet über http://dnb.d-nb.de abrufbar.

Das Werk einschließlich aller seiner Teile ist urheberrechtlich geschützt. Jede Verwertung außerhalb der Grenzen des Urheberrechtsgesetzes ist ohne Zustimmung des Verlages unzulässig und strafbar. Dies gilt insbesondere für Vervielfältigungen, Übersetzungen, Mikroverfilmungen und die Einspeicherung und Bearbeitung in elektronischen Systemen.

Die Wiedergabe von Gebrauchsnamen, Handelsnamen, Warenbezeichnungen usw. in diesem Werk berechtigt auch ohne besondere Kennzeichnung nicht zu der Annahme, dass solche Namen im Sinne der Warenzeichen- und Markenschutz-Gesetzgebung als frei zu betrachten wären und daher von jedermann benutzt werden dürften.

Die Informationen in diesem Werk wurden mit Sorgfalt erarbeitet. Dennoch können Fehler nicht vollständig ausgeschlossen werden und die Bedey & Thoms Media GmbH, die Autoren oder Übersetzer übernehmen keine juristische Verantwortung oder irgendeine Haftung für evtl. verbliebene fehlerhafte Angaben und deren Folgen.

Alle Rechte vorbehalten

© disserta Verlag, Imprint der Bedey & Thoms Media GmbH
Hermannstal 119k, 22119 Hamburg
http://www.disserta-verlag.de, Hamburg 2021
Printed in Germany

INHALTSVERZEICHNIS

KURZBESCHREIBUNG

Die Zahl an arbeitslosen Jugendlichen mit Beeinträchtigungen stieg in den letzten Jahren rapid an. So wurden 2013 um 12,3% mehr beeinträchtigte Jugendliche arbeitslos gemeldet als im Vorjahr. Daher wurden Projekte, wie zum Beispiel das Jugendcoaching, ins Leben gerufen, die diese Personengruppe bei der beruflichen Integration in den Arbeitsmarkt unterstützen soll. Der Erfolg dieser Projekte hängt jedoch maßgeblich von der Kenntnis jener Faktoren ab, welche die Integration fördern beziehungsweise erschweren. Aus bisherigen Untersuchungen ist bekannt, dass Faktoren wie ein niedriges Bildungsniveau, mangelnde familiäre Unterstützung bei der Arbeitssuche und Vorurteile von Betrieben gegenüber Personen mit Beeinträchtigungen den Berufseinstieg dieser Personengruppe erschweren. Über Fördermaßnahmen, die diese Jugendlichen an der Schnittstelle Schule-Beruf benötigen, weiß man dagegen nur wenig.

Hier setzt meine Master Thesis an. Sie untersucht die Frage nach den entscheidenden Fördermaßnahmen zur beruflichen Integration von Jugendlichen mit Beeinträchtigungen am Übergang zwischen Schule und Beruf.

Zur Beantwortung dieser Fragestellung wurden acht Interviews mit Expertinnen/Experten der beruflichen Integration durchgeführt. Das problemzentrierte Interview wurde dazu als Erhebungsmethode ausgewählt und die erhobenen Daten wurden angelehnt an der qualitativen Inhaltsanalyse nach Mayring ausgewertet.

Die Interviews zeigten klar, dass es einige Fördermaßnahmen gibt, die für die Integration in den Arbeitsmarkt entscheidend sind. Dazu zählen zum Beispiel die Förderung der Sozialkompetenzen, die individuelle Begleitung jeder einzelnen Klientin/jedes einzelnen Klienten, das Anbieten einer Berufsorientierung, oder das Akquirieren von Schnupper- und Praktikumsplätzen. Damit diese Fördermaßnahmen greifen können, ist die Zusammenarbeit der an der Schnittstelle angesiedelten Institutionen und Organisationen von wesentlicher Bedeutung.

Die in dieser Untersuchung gewonnen Erkenntnisse bieten die Möglichkeit, die Integration von Jugendlichen mit Beeinträchtigungen in den Arbeitsmarkt treffsicherer durchzuführen.

ABSTRACT

The number of unemployed young people with disabilities has been rapidly increasing over recent years. For example, in 2013 there were 12.3% more unemployed disabled young people compared to the previous year. To counteract this trend, specific projects such as the "*Jugendcoaching*" were set up to support this group of young people in that important transition phase of their lives. These projects critically depend on a solid understanding of which factors drive the success of the supporting measures offered. Recent work has revealed that, for example, a low level of education, little support via the family during the job searching phase, and prejudices against disabled young people from companies hamper the transition from school- to working life. However, little is known about which assistance measures can provide effective support.

This gap of knowledge is addressed by my master thesis. It examines the effectiveness of support measures provided for young people with disabilities to integrate them into a working environment.

To gain more knowledge on this subject, eight disability experts were interviewed using the problem-centred interview method by Witzel. Data were evaluated using the qualitative analysis method according to Mayring.

The interviews revealed that there are a few key assistance measures which are crucial for the integration of young people with disabilities into the job market. These measures include supporting the young peoples᾿ social abilities, support measures tailored towards the individual client, job orientation training, and the possibility to conduct internships. To safeguard the success of these measures, all institutions which are involved at this interface need to collaborate closely.

The findings obtained in this study provides guidance as how to further increase the success in integrating disabled young people into the job market.

1 Einleitung

1.1 Einführung in die Thematik

Der Übergang Schule-Beruf stellt generell für viele Jugendliche eine große Herausforderung dar, umso mehr fühlen sich auch Jugendliche mit Beeinträchtigungen oftmals überfordert und benötigen fachkompetente Hilfe, um die Hürden, die sich ihnen an der Schnittstelle Schule-Beruf in den Weg stellen, zu meistern. Diese Master Thesis setzt sich zum Ziel, dass die Fragestellung nach den entscheidenden Fördermaßnahmen zur beruflichen Integration von Jugendlichen mit Beeinträchtigungen an der Schnittstelle Schule – Beruf beantwortet wird. Es gibt einiges an Fachliteratur, die sich mit den Problemen, die Jugendliche mit Beeinträchtigungen an der Schnittstelle Schule - Beruf haben, befasst.

Die möglichen Problemfelder sind zum Beispiel das familiäre Umfeld und die kulturelle Herkunft, die niedrige Qualifizierung der Jugendlichen, das Geschlecht, fehlende Berufswahlkompetenzen, die sozialen Einstellungen und Vorurteile der Betriebe und die schlechte Arbeitsmarktlage (vgl. bidok (2014): Problemlagen Jugendlicher mit Behinderungen in Bezug auf die berufliche Integration, http://bidok.uibk.ac.at/library/fasching-problemlagen.html, Abfragedatum 11.07.2014).

Man weiß zwar über die Probleme Bescheid, über Fördermaßnahmen, die diese Jugendlichen an der Schnittstelle Schule – Beruf benötigen, ist aber nur wenig bekannt.

1.2 Relevanz des Themas und Forschungsfragen

Wie schon in der Einleitung erwähnt, weiß man wenig über den Förderungsbedarf von Jugendlichen mit Beeinträchtigungen an der Schnittstelle Schule-Beruf. Deshalb möchte diese Master Thesis diesem Thema auf den Grund gehen. Folgende Fragestellungen beziehungsweise Hypothesen haben sich daraus ergeben:

◊ Wie sieht der Integrationsprozess für Jugendliche mit Beeinträchtigungen aus der Sicht der Expertinnen/Experten diverser Integrationsmaßnahmen aus?

◊ Welche Fördermaßnahmen zur Integration werden von den jeweiligen Integrationsmaßnahmen während des Integrationsprozesses angeboten?

◊ Sind diese Fördermaßnahmen ausreichend oder gäbe es aus Sicht der Experten weitere sinnvolle Maßnahmen, die aber zurzeit nicht angeboten werden können (zum Beispiel weil keine finanziellen Mittel verfügbar sind)?

Aus diesen Forschungsfragen ergeben sich folgende Hypothesen:

◊ Jugendliche, die in diesem Prozess nicht auf stabile Beziehungen im familiären beziehungsweise sonstigen Umfeld bauen können, benötigen mehr Zeit, um vermittelt werden zu können.

◊ Wenn vonseiten der Eltern keine positive Unterstützung erfolgt, hat dies negative Auswirkungen auf den Integrationsprozess.

◊ Kann die Integrationsmaßnahme der Klientin/dem Klienten ausreichend Zeit zur Entfaltung, Entwicklung und zum Erkennen seiner persönlichen Fähigkeiten und Interessen zur Verfügung stellen, so erhöht sich die Chance zur Integration in den Arbeitsmarkt.

◊ Integrationsmaßnahmen, die weniger auf die Wünsche und Bedürfnisse ihrer Klientinnen/Klienten eingehen beziehungsweise die die nötigen zeitlichen oder finanziellen Ressourcen zur ganzheitlichen Betreuung nicht aufbringen können, werden mit ständigen Misserfolgen konfrontiert sein und werden langfristig keine hohen Vermittlungsquoten erreichen.

Die Relevanz dieses Themas ist dadurch gegeben, dass durch die Auswertung der Experteninterviews mögliche, noch nicht bekannte Informationen beziehungsweise Daten erfasst werden, die für die Weiterentwicklung von Integrationsmaßnahmen von Bedeutung sind, um den Prozess der Integration von Jugendlichen mit Beeinträchtigungen zu verbessern.

1.3 Aufbau der Arbeit

Die Master Thesis besteht aus einem theoretischen und einem empirischen Teil. Im theoretischen Teil werden zuerst Begriffe definiert, die für das Verständnis der Arbeit von Relevanz sind. Anschließend wird der Übergang Schule-Beruf näher erläutert und die Probleme, die sich für Jugendliche mit Beeinträchtigungen an dieser Schnittstelle ergeben, dargestellt. In weiterer Folge wird auf die Arbeitsmarktsituation für diese Personengruppe und auf die gesetzlichen Rahmenbedingungen für Jugendliche mit Beeinträchtigungen eingegangen. Abschließend werden Integrationsmaßnahmen für Jugendliche mit Beeinträchtigungen vorgestellt.

Im empirischen Teil dieser Master Thesis wird anfangs auf die gewählte Forschungsmethode eingegangen. Im Anschluss daran wird die Forschungsmethode näher erläutert. Für die Auswertung der Daten wurde die qualitative Inhaltsanalyse gewählt. Dazu wurden die Daten von acht Interviews, die mit Expertinnen/Experter durchgeführt wurden, ausgewertet. Im nächsten Kapitel erfolgt dann die Darstellung der Ergebnisse anhand von Kategorienbildungen. In weiterer Folge werden die ausgewerteten Daten unter besonderer Berücksichtigung der vorher aufgelisteten Fragestellungen und Hypothesen diskutiert,
Im abschließenden Kapitel erfolgt eine Zusammenfassung über die gewonnenen Daten.

2 Definitionen

In der Literatur ist eine Vielzahl an Definitionen im Umlauf, sodass es fast unmöglich erscheint, den Begriff der Behinderung in einer allgemeingültigen Definition auszuformulieren. Der Begriff Behinderung wird oft durch den Begriff Beeinträchtigung ersetzt. Mir persönlich gefällt dieser Begriff auch besser, da das Wort Behinderung in unserer Gesellschaft eher negativ besetzt ist und alleine eine abwertende Wortwahl die betreffende Person oftmals schon stigmatisiert. Im Kontext dieser Master These werden beide Begrifflichkeiten verwendet. Beim Versuch, diese Begriffe näher zu definieren beziehungsweise zu erklären, verwende ich ausschließlich das Wort Behinderung, da dieses das in der Literatur gebräuchlichere von beiden ist. Im weiteren Verlauf dieser Arbeit verwende ich den Begriff Beeinträchtigung, da dieser meines Erachtens weniger negativ besetzt ist. Diese Meinung wird zum Beispiel auch von der Lebenshilfe Österreich vertreten, welche 2006 den Begriff geistige Behinderung aus ihrem Wortschatz gestrichen hat. „Dieser Begriff wurde von Selbstvertreter-Gruppen heftig kritisiert. Viele Menschen mit Beeinträchtigungen fühlen sich durch diese Bezeichnung diskriminiert und in ihrem Selbstwert verletzt. Wir sprechen von **„Menschen mit Beeinträchtigung“**, weil dieser Ausdruck in der derzeitigen Situation den größtmöglichen Respekt gegenüber Menschen mit Beeinträchtigungen verschiedener Kulturen und Sprachgruppen entgegenbringt." (Lebenshilfe Österreich (2014): Über uns, http://www.lebenshilfe.at/index.php?/de/Ueber-uns/Menschen-in-den-Lebenshilfen/(nl)/1/, Abfragedatum 09.03.2014)

2.1 Definition Behinderung

„Behinderung bezeichnet ganz allgemein zunächst jegliche Art von Einschränkung oder Hemmnis. In der Medizin findet er als Synonym für angeborene oder erworbene, langfristige beziehungsweise dauerhafte Schädigungen Anwendung." (Bundschuh, K., Heimlich, U., Krawitz, R. (Hrsg.) (1999): Wörterbuch Heilpädagogik, Bad Heilbrunn, Julius Klinkhardt, 39) Das heißt, im medizinischen Bereich erfolgt eine Einteilung nach der Schädigung verschiedener Organe. Es wird zwischen einer körperlichen Behinderung, Sinnesbehinderung, Sprachbehinderung, geistigen und seelischen Behinderung unterschieden. Wenn in mehreren Bereichen gleichzeitig Schäden auftreten, spricht die Medizin von einer Mehrfachbehinderung. Darüber hinaus wird auch nach dem Schweregrad einer Behinderung unterschieden. Dieser Definitionsansatz stellt den Defekt einer behinderten Person in den Mittelpunkt und lässt dabei das soziale Umfeld und die Persönlichkeitsstruktur der betreffenden Person außer Acht. Diese Definitionsweise wird in zunehmendem Maße kritisiert (vgl. Bundschuh, K., Heimlich, U.,

Krawitz, R. (Hrsg.) (1999), 39). Eine weitere Definition von Behinderung, die versucht, den Begriff differenzierter zu beschrieben, findet man bei Bleidick (2006): „Als behindert gelten Personen, die infolge einer Schädigung ihrer körperlichen, geistigen oder seelischen Funktionen soweit beeinträchtigt sind, dass ihre unmittelbaren Lebensverrichtungen oder ihre Teilhabe am Leben der Gesellschaft erschwert werden." (Bleidick, U. (2006): Behinderung, in: Antor, G., Bleidick, U. (Hrsg.): Handlexikon der Behindertenpädagogik: Schlüsselbegriffe aus Theorie und Praxis, 2. überarbeitete Auflage, Stuttgart, Berlin, Köln, Kohlhammer, 79) Schlussendlich gibt die Normvorstellung der Gesellschaft vor, wer als behindert eingestuft wird und wer nicht. „Die Benachteiligung behinderter Menschen ist keine notwendige oder unabweisbare Folge ihrer Schädigung oder Funktionsbeeinträchtigung, sondern das Resultat gesellschaftlicher Prozesse, die letztlich dazu führen, dass behinderten Menschen die volle gesellschaftliche Partizipation verwehrt bleibt." (Tröster, H. (1990): Einstellungen und Verhalten gegenüber Behinderten: Konzepte, Ergebnisse und Perspektiven sozialpsychologischer Forschung, Bern, Stuttgart, Toronto, Hans Huber Verlag, 11)

Die Weltgesundheitsorganisation (WHO) veröffentlichte 1980 mit dem Modell ICIDH (International Classification of Impairments, Disabilities and Handicaps) ein Konzept, das den Begriff Behinderung in drei Bereiche aufteilt.

- „Impairment (Schädigung): Eine oder mehrere Schädigungen des menschlichen Organismus.
- Disability: (Behinderung): Störung auf der personalen Ebene (Bedeutung für einen konkreten Menschen).
- Handicap (Benachteiligung): Mögliche Konsequenzen auf der sozialen Ebene (Nachteile, durch die die Übernahme von solchen Rollen eingeschränkt oder verhindert wird, die für die betreffende Person in Bezug auf Alter, Geschlecht, soziale und kulturelle Aktivitäten als angemessen gelten)." (WHO (1980), zitiert nach: Cloerkes, G. (1997): Soziologie der Behinderten, Heidelberg, Winter, 5)

2001 wurde von der WHO eine neue Klassifizierung ausgearbeitet, die ICF. ICF bedeutet so viel wie Internationale Klassifikation der Funktionsfähigkeit, Behinderung und Gesundheit. Die ICF geht wie die ICIDH von einer Dreigliedrigkeit aus, neu an der ICF ist zum einen die Miteinbeziehung diverser Umweltfaktoren wie zum Beispiel Heilmittel oder Assistenzbedarf, zum anderen die Berücksichtigung von personellen Faktoren wie Alter, Geschlechts-zugehörigkeit und Ethnie (vgl. Puschke, M. (2005): Die Internationale Klassifikation von Behinderung der Weltgesundheitsorganisation, http://bidok.uibk.ac.at/library/wzs-7-05-puschke-klassifikation.html, Abfragedatum 07.03.2014).

„Vereinfacht gesagt wird bei der Ermittlung der ICF ein sehr umfassender Fragenkatalog ausgefüllt. In jeder Kategorie wird eingeteilt, ob zum Beispiel die körperliche, individuelle und gesellschaftliche Behinderung kein, ein geringes, gemäßigtes, schweres oder vollständiges Problem ist. Gemessen wird übrigens an der Norm von Menschen ohne Behinderung. Hier liegt auch ein Kritikpunkt der Behindertenbewegung." (Puschke, M. (2005), 1) Nach dem Auswer-ten des Fragenkataloges entsteht ein Gesamtbild über die Gesundheitscharakteristiken des Menschen mit Behinderung. Diese Klassifikation soll nie ohne Einwilligung und Zusam-menarbeit der betreffenden Person durchgeführt werden und darf auch nicht zur Stigma-tisierung beziehungsweise Etikettierung beitragen (vgl. Puschke, M. (2005), 1).

Tabelle 1: Überblick über die ICF

	Teil 1: Funktionsfähigkeit und Behinderung		Teil 2: Kontextfaktoren	
Komponenten	Körperfunktionen und -strukturen	Aktivitäten und Partizipation [Teilhabe]	Umweltfaktoren	personbezogene Faktoren
Domänen	Körperfunktionen, Körperstrukturen	Lebensbereiche (Aufgaben, Handlungen)	Äußere Einflüsse auf Funktionsfähigkeit und Behinderung	Innere Einflüsse auf Funktionsfähigkeit und Behinderung
Konstrukte	Veränderung in Körperfunktionen (physiologisch) Veränderung in Körperstrukturen (anatomisch)	Leistungsfähigkeit (Durchführung von Aufgaben in einer standardisierten Umwelt) Leistung (Durchführung von Aufgaben in der gegenwärtigen, tatsächlichen Umwelt)	fördernde oder beeinträchtigende Einflüsse von Merkmalen der materiellen, sozialen und einstellungsbezogenen Welt	Einflüsse von Merkmalen der Person
positiver Aspekt	Funktionale und strukturelle Integrität	Aktivitäten Partizipation [Teilhabe]	positiv wirkende Faktoren	nicht anwendbar
	Funktionsfähigkeit			
negativer Aspekt	Schädigung	Beeinträchtigung der Aktivität Beeinträchtigung der Partizipation [Teilhabe]	negativ wirkende Faktoren (Barrieren, Hindernisse)	nicht anwendbar
	Behinderung			

Quelle: WHO 2005

Cloerkes (1997) meint, dass die Klassifikation der WHO möglicherweise den geeignetsten Zugang zum Problem darstellt, dass sie aber auch Schwächen zeigt. Die Klassifikation der WHO geht davon aus, dass die Schädigung eine objektivierbare Abweichung von der Norm darstellt und zwar im organischen Bereich. Cloerkes stellt aber infrage, ob diese Normabweichung beziehungsweise die Schädigung immer ganz exakt messbar ist. Weiters führt er aus, dass eine Behinderung auf einen pathogenen Zustand zurückgeführt werden kann (vgl. Cloerkes, G. (1997), 5). Ebenso denkbar ist für ihn aber auch, dass die Behinderung „das Ergebnis eines sozialen Bewertungs- oder Abwertungsprozesses darstellt, selbst ohne objektiv vorhandenen Grund, indem dieser als Schädigung einfach unterstellt wird. Die Schädigung kann sich auch als Folge der negativen Bewertung nachträglich einstellen, zum Beispiel als organische Störung nach Feststellung einer psychischen Behinderung." (Cloerkes, G. (1997), 5-6)

Seine Definition von Behinderung lautet folgendermaßen:

„· Eine **Behinderung** ist eine dauerhafte und sichtbare Abweichung im körperlichen, geistigen oder seelischen Bereich, der allgemein ein entschieden negativer Wert zugeschrieben wird.

>Dauerhaftigkeit< unterscheidet Behinderung von Krankheit.

>Sichtbarkeit< ist im weitesten Sinne das »Wissen« anderer Menschen um die Abweichung.

· Ein **Mensch** ist >behindert<, wenn erstens eine unerwünschte Abweichung von wie auch immer definierten Erwartungen vorliegt und wenn zweitens deshalb die soziale Reaktion auf ihn negativ ist." (Cloerkes, G. (1997), 6, Hervorhebung im Original, Anm. M.B.)

Cloerkes weist in seiner Definition darauf hin, dass für eine Behinderung nicht grundsätzlich der Defekt, die Schädigung ausschlaggebend ist, sondern die Folgen für die betreffende Person. Er spricht von der Relativität von Behinderung, indem er darauf verweist, dass die Behinderung nicht generell mit der dauerhaften und sichtbaren Abweichung im körperlichen, seelischen oder geistigen Bereich gegeben ist, sondern von der sozialen Reaktion auf diese Behinderung abhängig ist (vgl. Cloerkes, G. (1997), 8-9).

Auch Bundschuh u.a. (1999, 39) weisen darauf hin, dass die sozialen Folgeerscheinungen oft differenzierter sind als die Behinderung an sich und dass dadurch die Behinderung von den Betroffenen schwerwiegender empfunden wird.

2.1.1 Geistige Behinderung und Lernbehinderung

Ende der Fünfzigerjahre wurden die bis dahin gebräuchlichen Begriffe wie Schwachsinn, Blödsinn, Idiotie oder Oligophrenie von der Elternvereinigung Lebenshilfe durch den Begriff geistige Behinderung ersetzt. Man wollte sich mit diesem neuen Begriff auch an die amerikanische Terminologie (mental retardation) anlehnen. Die neu eingeführte Bezeichnung wird aber bis zum heutigen Zeitpunkt nicht nur positiv gesehen. Allzu oft wird das Wort „Geist" mit Intelligenz, intellektuellen Leistungen und kognitiven Funktionen gleichgesetzt und dadurch werden geistig behinderten Menschen diese Fähigkeiten abgesprochen. Die Komplexität der Thematik geistige Behinderung reduziert sich somit auf diesen Teilbereich. Ganz klar muss aber festgehalten werden, dass dieser stigmatisierende Charakter des Begriffs vehement abzulehnen ist und außer Streit steht, dass alle Menschen, die von der Gesellschaft als geistig behindert bezeichnet werden, lern-, bildungs-, und entwicklungsfähig sind. Aus diesem Grund besteht auch eine Schulpflicht für alle (vgl. Bundschuh, K., Heimlich, U., Krawitz, R. (1999), 96-97).

Auch in der klinischen Psychologie werden nicht selten fragwürdige Konzepte zur Klassifizierung geistig behinderter Menschen verwendet. Das trifft zum Beispiel auf die IQ-bezogene Sichtweise zu. Hier steht die intellektuelle Leistung im Mittelpunkt. Kommunikative, emotionale und soziale Entwicklungsaspekte werden weitgehende ausgeklammert. Ergebnisse dieser Intelligenztests sagen auch nichts über die zukünftige Entwicklung und den Lebensstil des behinderten Menschen aus. Außerdem sind diese standardisierten Intelligenztests auch nur bedingt bei geistig behinderten Menschen einsetzbar. Aufgrund dieser Kritik wurden diese Tests um eine soziale Komponente erweitert, ein Doppelkriterium wurde eingeführt. Neben der Intelligenztestung werden auch soziale Anpassungsleistungen berücksichtigt (vgl. Bundschuh, K., Heimlich, U., Krawitz, R. (1999), 98). „Diese erweiterte Sicht ist als ein Fortschritt zu bewerten [...] Die Kritik am Doppelkriterium richtet sich gegen einseitige Interventionen, indem Betroffene an die Gesellschaft angepasst, nicht aber Anpassungsleistungen der Gesellschaft in die heilpädagogische Praxis mit einbezogen werden. " (Bundschuh, K., Heimlich, U., Krawitz, R. (1999), 98)

Biewer (2005) versteht unter dem Begriff geistige Behinderung Folgendes:

- er ist ein Hinweis auf eine Benachteiligung, um Hilfe in Anspruch nehmen zu können,
- er legitimiert die Inanspruchnahmen eines sonderpädagogischen Förderbedarfs, der zu einer erweiterten Bereitstellung von Ressourcen im Schulwesen führt,
- er ist die Begründung für Selektionsmaßnahmen und Sondereinrichtungen,
- er ist in diversen wissenschaftlichen Fachgebieten ein Fachbegriff zur Bezeichnung jener Personengruppe und in der Alltagssprache dient er der Eingrenzung einer Personengruppe (vgl. Biewer, G. (2005): Pädagogische und wissenschaftliche Aspekte, in: Lebenshilfe Österreich (2005): Menschen brauchen Menschen: zum Begriff geistige Behinderung: Dokumentation zum Workshop der Lebenshilfe Österreich am 15. September 2005 in Innsbruck,

  http://www.koordinationsstelle.at/dokumente/linkliste_zum_begriff_geistige_behinderung _lebenshilfe.pdf, Abfragedatum 03.01.2014).

Grundsätzlich kann festgehalten werden, dass der Begriff geistige Behinderung zur fachlichen Verständigung über Personen und Sachverhalte dient. Dieser Ausdruck kann aber durch andere Begriffe ersetzt werden, die jedoch nicht diskriminierend wirken und verständlich für Laien sein sollten (vgl. Biewer, G. (2005), 16).

In weiterer Folge muss auch noch der Begriff Lernbehinderung erläutert werden. Dieser Begriff wird hauptsächlich im schulischen Bereich verwendet und ein Großteil der Schülerinnen/Schüler mit sonderpädagogischem Förderbedarf werden dieser Gruppe zugeordnet (vgl. BMUK (o.J.): Sonderpädagogischer Förderbedarf bei lern- und verhaltensbehinderten Kindern, Wien, 1). Auch der Begriff Lernbehinderung kann nicht eindeutig definiert werden. „Die Zuschreibungen „geistig behindert" beziehungsweise „lernbehindert" sind, wie in verschiedenen Untersuchungen gezeigt werden konnte, gerade im Grenzbereich zwischen Lern- und geistiger Behinderung oft nicht trennungsscharf" (Doose, S. (2007): Unterstützte Beschäftigung: Berufliche Integration auf lange Sicht: Eine Verbleibs- und Verlaufsstudie, Marburg, Lebenshilfe-Verlag, 49) Schüle-rinnen/Schüler werden als lernbehindert bezeichnet, wenn sie in der Regelschule nicht adäquat gefördert werden können. Ursache dafür können eine unterdurchschnittliche Intelligenz, ein geringfügiger Hirnschaden, ein unerkannter Sinnesdefekt oder ein ungünstiges Milieu sein (vgl. Brackhane, R. (1996): Geistig behinderte und lernbehinderte Mitarbeiter in der Arbeitswelt, in: Rehabilitation, Heft 35/1996, 39). „Die Aufnahme in die Schule für Lernbehinderte (be-ziehungsweise entsprechende Schulform mit anderer Bezeichnung) erfolgt im Allgemeinen nach den Kriterien Schulleistung [···] und Intelligenz (deutliche Testabweichung von der Norm)." (Cloerkes, G. (1997), 67) Im deutschsprachigen Raum werden Schülerinnen/Schüler mit einem IQ von 70/75 als lernbehindert bezeichnet (vgl. Theunissen, G. (2005): Pädagogik bei geistiger Behinderung und Verhaltensauffälligkeiten, 4. Auflage, Bad Heilbrunn, Klinkhardt, 22). Klassische Merkmale von Schülerinnen/Schülern mit einer Lernbehinderung sind, dass sie oft in Familien mit einer hohen Kinderzahl und in beengten und schlechten Wohngegenden aufwachsen. Weiters ist die familiäre Sozialisation durch Normenrigidität und mangelnde Zukunftsorientierung gekennzeichnet (vgl. Cloerkes, G. (1997), 68).

Die Klärung der beiden Begriffe ist notwendig, da die Jugendlichen, die nach Beendigung ihrer Schulpflicht in eine Integrationsmaßnahme wechseln beziehungsweise Unterstützungen wie das Jugendcoaching, Jobcoaching o.Ä. in Anspruch nehmen, meist eine Lernbehinderung beziehungsweise geistige Behinderung aufweisen. Aufgrund ihrer Defizite (geistige Behinderung, Lernbehinderung) wird ihnen in der Schule per Bescheid ein sonderpädagogischer Förderbedarf zugeschrieben. Die Zuerkennung eines solchen ist meist auch notwendig, um die vorher erwähnten Unterstützungsleistungen in Anspruch nehmen zu können.

2.1.2   Sonderpädagogischer Förderbedarf (SPF)

Mit der Novelle zum Schulpflichtgesetz 1993 wurde der Begriff Sonderschulbedürftigkeit durch den Begriff sonderpädagogischer Förderbedarf ersetzt. Dieser wird vom Bezirksschulrat für Schülerinnen/Schüler mit Behinderungen festgestellt. Dadurch wird den betroffenen Schülerinnen/Schülern eine schulische Förderung in einer Sonderschule oder in einer Integrationsklasse der Volks- oder Hauptschule beziehungsweise in der Unterstufe einer allgemein bildenden höheren Schule ermöglicht (vgl. BMUKK (2010): Der sonderpädagogische Förderbedarf: Qualitätsstandards und Informationsmaterialien, http://www.cisonline.at/fileadmin/kategorien/Der_sonderpaedagogische_Foerderbedarf-Qualitaetsstandards_und_Informationsmaterialien.pdf, Abfragedatum 11.03.2014). Sonderpädagogischer Förderbedarf ist gegeben, „wenn eine Schülerin beziehungsweise ein Schüler infolge physischer oder psychischer Behinderung dem Unterricht in der Volks- oder Hauptschule oder der Polytechnischen Schule ohne sonderpädagogische Förderung nicht zu folgen vermag und nicht gemäß § 15 Schulpflichtgesetz 1985 vom Schulbesuch befreit ist. " (BMUKK (2010), 9) Nicht jede Schülerin/jeder Schüler mit einer Behinderung bekommt automatisch sonderpädagogischen Förderbedarf. Es gibt viele Kinder, die eine Körper- oder Sinnesbehinderung aufweisen und keine sonderpädagogische Maßnahme benötigen. Meist reicht der Einsatz von behinderungsspezifischen Hilfsmitteln aus, um am Regelunterricht uneingeschränkt teilnehmen zu können (vgl. BMUKK (2010), 9).

Wie schon am Anfang dieses Kapitels erwähnt, verwende ich in diesem Bereich der Arbeit ausschließlich den Begriff Behinderung (Begründung siehe Kapitel 1.1).

In weiterer Folge werde ich den Begriff Beeinträchtigung verwenden, da ich diesen als respektvoller und dadurch angebrachter empfinde.

2.2   Integration - Inklusion

Die gesellschaftliche Situation von Menschen mit Beeinträchtigungen befindet sich derzeit im Umbruch. Hat man bis vor kurzem noch das Prinzip der Integration für Menschen mit Beeinträchtigungen als wichtige und neue Errungenschaft propagiert, so steht heute das Paradigma Inklusion auf der Tagesordnung (vgl. Schwalb, H., Theunissen, G. (Hrsg.) (2012): Inklusion, Partizipation und Empowerment in der Behindertenarbeit: Best-Practice-Beispiele: Wohnen - Leben - Arbeit - Freizeit, 2. Auflage, Stuttgart, Kohlhammer, 11). „Integration [...] zielt auf die Durchsetzung der uneingeschränkten Teilhabe und Teilnahme behinderter Menschen an allen gesellschaftlichen Prozessen, vom Kindergarten über die Schule, in der Freizeit, im Wohnen und in der Arbeit." (Bundschuh, K., Heimlich, U., Krawitz, R. (Hrsg.) (1999), 144)

Schwalb und Theunissen (2012) kritisieren am Begriff Integration jedoch, dass unter diesem meist nur eine strukturelle Eingliederung in die Gesellschaft verstanden wird: Die ehemaligen abseits gelegenen Einrichtungen wurden in eine Gemeinde integriert und Arbeitsangebote auf dem allgemeinen Arbeitsmarkt akquiriert. Diese räumliche Integration ist jedoch kein Garant dafür, dass Menschen mit Beeinträchtigungen am gesellschaftlichen Leben teilnehmen und sich soziokulturell integrieren. Wird der Begriff der Integration auf die räumliche Eingliederung reduziert, dann wird dadurch auch zum Ausdruck gebracht, dass es zwei Welten gibt. Die Welt der Menschen mit Beeinträchtigungen und die Welt der Menschen ohne Beeinträchtigungen. Die Welt der Menschen ohne Beeinträchtigungen wird dabei als Norm angenommen, die Menschen mit Beeinträchtigungen müssen sich nach diesen Normen orientieren, wenn sie sich integrieren wollen. Dieses Verständnis von Integration ist in der letzten Zeit immer wieder scharf kritisiert worden und in den Fachkreisen begann sich der Begriff Inklusion zu etablieren. Dieser stammt aus Nordamerika und wird mit „Nicht-Aussonderung" und „unmittelbare Zugehörigkeit" übersetzt. Inklusion möchte mehr als Integration. Es geht dabei nicht nur um eine räumliche Eingliederung, sondern um das Recht auf eine volle Zugehörigkeit in unterschiedlichsten

Gemeinschaften (vgl. Schwalb, H., Theunissen, G. (2012), 14-16). Die US-amerikanische Organisation The Arc of New Jersey versteht unter Inklusion Folgendes:

„Alle Menschen, mit oder ohne Behinderung, haben das Recht auf eine volle Zugehörigkeit in unterschiedlichsten Gemeinschaften. [...] Erwachsene mit intellektueller Behinderung sollten Möglichkeiten haben:

- für eine größtmögliche Kontrolle ihres eigenen Lebens
- für Partnerschaften, Freundschaften und Lebensgemeinschaften
- in einem eigenen Zuhause zu leben
- einer für sie bedeutungsvollen Arbeit nachgehen zu können, die angemessen bezahlt wird
- an Freizeitaktivitäten zu partizipieren und sich zu erfreuen
- ein spirituelles (religiöses) Leben zu pflegen

Unterstützungsleistungen [...] sollten ihnen in ihrem eigenen Zuhause wie auch in Gemeinschaften, wo sie leben, lernen, arbeiten und spielen, zusammen mit nicht behinderten Menschen angeboten werden." (Schwalb, H., Theunissen, G. (2012), 16, zitiert nach: Theunissen, G. (2009): Empowerment und Inklusion behinderter Menschen: Eine Einführung in Heilpädagogik und Soziale Arbeit, Freiburg, 17f) Diese Auflistung zeigt, „dass Inklusion weitaus mehr als eine bloße Fortführung oder Weiterentwicklung des Integrationsgedankens darstellt, vor allem dann, wenn er nur als Input-Prinzip oder Eingliederung praktiziert wird." (Schwalb, H., Theunissen, G. (2012), 21) Inklusion sollte immer mehr zur Leitidee der Behindertenarbeit werden, ohne dabei die Integration gänzlich abzuschaffen (vgl. Schwalb, H., Theunissen, G. (2012), 21). „Denn solange Menschen mit Behinderungen ausgegrenzt werden, bedarf es ihrer Integration, die es dann in ein Leben in Inklusion zu überführen gilt." (Schwalb, H., Theunissen, G. (2012), 21)

Bei der beruflichen Integration ergänzen sich im Idealzustand die Integration und die Inklusion. Ginnold (2000) beschreibt dies folgendermaßen: „Unterstützte Beschäftigung ist nicht nur auf die Vermittlung eines Beschäftigungsverhältnisses auf den allgemeinen Arbeitsmarkt begrenzt, sie bemüht sich darüber hinaus um die Integration von Menschen mit Behinderungen in innerbetriebliche Abläufe und das Zustandekommen persönlicher Beziehungen zu Arbeitskolleginnen/Arbeitskollegen, d.h. um die Teilhabe der unterstützten Arbeitnehmerinnen/Arbeitnehmer an Pausen, Betriebsfeiern und -ausflügen [...] sowie um die Bewältigung gemeinsamer Arbeitswege. Intendiert ist somit auch ihre soziale Integration." (Ginnold, A. (2000): Schulende - Ende der Integration? Integrative Wege von der Schule ins Arbeitsleben, Neuwied/Berlin, Luchterhand, 158)

Doose (2007) meint dazu, dass „eine umfassende Integration im Sinne von Inklusion ist Ziel von unterstützter Beschäftigung." (Doose (2007), 16)

In diesem Kapitel wurden wichtige Begriffe und Definitionen, die für den weiteren Verlauf dieser Arbeit von Relevanz sind, erläutert. Das nächste Kapitel beschäftigt sich mit der Schnittstell Schule - Beruf. Es wird auf die Rolle der Schule an der Schnittstelle Schule - Beruf eingegangen, weil diese den Grundstein für eine gelungene Integration von Jugendlichen mit Beeinträchtigungen in den Arbeitsmarkt legt. Des Weiteren werden Problemfelder an der Schnittstelle Schule - Beruf aufgezeigt.

3 Übergang Schule-Beruf

Der Übergang vom geregelten Schulsystem in den freien Arbeitsmarkt stellt für viel Jugendliche eine große Herausforderung dar. Noch schwieriger gestaltet sich die Situation für Jugendliche mit einer Beeinträchtigung. Der nahtlose Übertritt ist meist nicht möglich, jedoch durch die verschiedensten Unterstützungsangebote, die Jugendlichen mit Behinderungen heutzutage nützen können, kann eine Integration in den Arbeitsmarkt gelingen. Im weiteren Verlauf wird zuerst die Rolle der Schule an der Schnittstelle beleuchtet, anschließend werden Probleme geschildert, mit denen die Jugendlichen immer wieder konfrontiert werden und abschließend werden die vorher erwähnten Unterstützungsangebote für Jugendliche mit Beeinträchtigungen erläutert.

3.1 Drei Ebenen des Übergangsprozesses

Der Übergang von der Schule in das Berufsleben wird von allen Menschen als wichtiges Ereignis wahrgenommen. Dieser Übergang ins Erwerbsleben ist nicht nur ein „Wechsel von der dominierenden Tätigkeitsform ‚Lernen' zur dominierenden Tätigkeitsform ‚Arbeiten', sondern gleichzeitig eine schlagartige Veränderung vieler sozialer Bezugsgrößen wie zum Beispiel der sozialen Rolle, des sozialen Status und der sozialen Beziehung. [...] Insofern darf der Übergang von der Schule in das Erwerbsleben nicht eindimensional als der Prozess des Erwerbs von arbeitsmarktrelevanten Qualifikationen und Kompetenzen bewertetet werden, sondern muss in einem umfassenden Sinne auf mehreren Ebenen analysiert werden." (Schartmann, D. (2000): Der Übergang von der Schule in das Erwerbsleben: Möglichkeiten, Chancen und Risiken, in: Gemeinsam leben - Zeitschrift für integrative Erziehung, Nr. 1/2000, http://bidok.uibk.ac.at/library/gl1-00-chancen.html, Abfragedatum 04.03.2014)

Der Übergangsprozess findet auf den drei Ebenen Lebens- und Entwicklungsübergang, Übergang in soziale Systeme und institutioneller Übergang statt.

- Lebens- und Entwicklungsübergang:

Den gesellschaftlichen Rahmen in diesem Übergangsprozess, in denen die Jugendlichen auf das Erwerbsleben vorbereitet werden, bildet die Familie, die Schule und die diversen anderen Institutionen wie zum Beispiel die Berufsberatungszentren, das Arbeitsmarktservice, Einrichtungen der Jugendarbeitsassistenz usw. Je nachdem welche Bildungseinrichtungen von den Jugendlichen besucht werden, erfolgen unterschiedliche Vorbereitungen auf den Übergang.

Diese Vorbereitungen unterscheiden sich hinsichtlich der Lehrpläne, der Schwerpunksetzung bei der Vermittlung von Schlüsselqualifikationen und der Summe der erlebten Sozialisationserfahrungen. Die Jugendlichen befinden sich in dieser Übergangsphase mitten in der Pubertät, in der sie sich auch stark mit der eigenen Identitätsfindung und Lebensplanung auseinandersetzen (vgl. Fasching, H., Pinetz, P. (2008): Übergänge gestalten: Pädagogische Unterstützungsangebote für junge Frauen und Männer mit Sonderpädagogischem Förderbedarf ins Arbeitsleben: Eine Herausforderung an das System der beruflichen Integration, http://bidok.uibk.ac.at/library/beh-5-08-fasching-uebergaenge.html#idp427792, Abfragedatum 04.03.2014). Bei Jugendlichen mit Beeinträchtigungen ist die Identitätsentwicklung oft „eher ein Produkt sozial-struktureller Bedingungen als ein Produkt selbstreflexiver Prozesse des Individuums." (Markowetz, R. (2000): Identitätsentwicklung und Pubertät - über den Umgang mit Krisen und identitätsrelevanten Erfahrungen von Jugendlichen mit einer Behinderung, in: Behindertenpädagogik 39, Heft 2, 139) Weiters wird die Identitätsentwicklung bei Jugendlichen mit einer intellektuellen Behinderung dadurch beeinträchtigt, da man diesen Jugendlichen oftmals mit der Einstellung begegnet, dass sie sich kognitiv gar nicht mehr weiterentwickeln können. Das wirkt sich zum Beispiel dahingehend aus, dass man ihr tatsächliches Lebensalter nicht akzeptiert und sie auch dementsprechend behandelt. Für viele Jugendliche heißt das, dass sie oftmals nur in Teilbereichen ihre Identität entfalten können. Nichtsdestotrotz kann dieser Übergangsprozess auch für junge Menschen mit Beeinträchtigungen als Chance angesehen werden, die ihnen mehr Selbstbestimmung einräumt und die Entdeckung neuer Lebensbereiche zulässt. Zusammenfassend kann festgehalten werden, dass dieser Übergangsprozess sich sehr komplex gestaltet und deshalb alle Beteiligten herausgefordert sind, sich aktiv daran zu beteiligen. Das bedeutet, dass nicht nur die betroffenen Jugendlichen gefordert sind, sondern auch ihr soziales Umfeld ihnen unterstützend zur Seite stehen muss (vgl. Fasching, H., Pinetz, P. (2008), 3-4).

- Übergang in soziale Systeme:

Beim Übergang ins Berufsleben wechseln die Jugendlichen von dem bisher bekannten Lebensbereich (Schule) in einen neuen Lebensbereich (Arbeitswelt). Bedingt durch diesen Wechsel ändern sich ihr Status und auch ihre soziale Umgebung. Sie werden Teil eines sozialen Netzwerkes, das sich kontinuierlich erweitert. Dieses Netzwerk kann den Jugendlichen helfen, mit auftretenden Problemen besser umzugehen (vgl. Fasching, H., Pinetz, P. (2008), 4). Natürlich gibt es auch negative Aspekte eines sozialen Netzwerkes. „Sehen Netzwerkmitglieder den jungen Menschen mit Behinderung nicht als gleichwertig und gestehen ihm auch kein Mitspracherecht zu, können Gefühle der Hilflosigkeit aber auch andere Reaktionen wie zum

Beispiel Aggression durch die angebotenen Unterstützungsleistungen verstärkt werden." (Fasching, H., Pinetz, P. (2008), 4) Grundsätzlich ist jedoch davon auszugehen, dass die Vorteile eines sozialen Netzwerkes überwiegen. Professionelle Beratung und Unterstützung setzt beim sozialen Netzwerk der Jugendlichen an und bezieht immer ihre persönlichen Lebenswelten mit ein (vgl. Fasching, H., Pinetz, P. (2008), 4). „Dies stellt eine wichtige Voraussetzung dar, um subjektorientierte Unterstützung zur Behebung individueller Probleme anbieten zu können, Ressourcen zu entdecken, aber auch eigene Unterstützungsmöglichkeiten im System finden zu können." (Fasching, H., Pinetz, P. (2008), 5)

- Institutioneller Übergang:

Zuletzt ist noch die Ebene des institutionellen Übergangs zu berücksichtigen. Auch diese Ebene stellt die Betroffenen oftmals vor vermeintlich unüberwindbare Probleme. Sie fühlen sich im Stich gelassen, da die Betreuung vonseiten der Schule nach dem Ausscheiden aus dem Schulsystem abrupt endet, obwohl der Übergang in eine neue Institution noch gar nicht erfolgt beziehungsweise organisiert wurde. Die Jugendlichen und deren Angehörige sind oft gar nicht in der Lage, sich einen Überblick über die notwendigen Hilfen und Unterstützungsleistungen zu verschaffen. Mittlerweile verfügt Österreich flächendeckend über Institutionen, die sich um die Probleme der Jugendlichen und deren Angehörigen an dieser Schnittstelle kümmern (vgl. Fasching, H., Pinetz, P. (2008), 5). Besonders zu erwähnen sind in diesem Zusammenhang die Dienstleistungen der NEBA (Netzwerk Berufliche Assistenz). Die NEBA Angebote werden in ganz Österreich von ortsansässigen Trägerorganisationen (Volkshilfe Arbeitswelt Gmbh, Arbeitsassistenz der Miteinander GmbH, Jugend am Werk GmbH, WIFI OÖ, Arbeitsassistenz pro mente usw.) durchgeführt. Die Angebote der NEBA lassen sich in vier Bereiche kategorisieren. Zu diesen Bereichen zählen das Jugendcoaching, die Berufsausbildungs-assistenz, die Arbeitsassistenz und das Jobcoaching (NEBA (2014a): Netzwerk Berufliche Assistenz, http://www.neba.at/, Abfragedatum 06.03.2014). Diese Integrationsmaßnahmen werden im weiteren Verlauf dieser Master Thesis noch näher erläutert. Die Dienstleistung des Jugendcoachings wird an dieser Stelle kurz umrissen, da das Jugendcoaching genau an der Schnittstelle Schule-Beruf tätig ist. „Jugendcoaching ist eine Dienstleistung an der Schnittstelle Schule und Beruf in enger Zusammenarbeit mit den Schulen und zielt darauf ab [...] Jugendlichen durch Beratung, Begleitung und Case Management den Fähigkeiten entsprech-ende Perspektiven aufzuzeigen und durch individuelle Unterstützungspakete die Leistungs-fähigkeit zu fördern. So kann über einen möglichst langfristigen Verbleib im (Aus-) Bildungssystem eine höhere Qualifizierung gewährleistet und eine anschließende Aufnahme in die individuell bestmögliche arbeitsmarktpolitische Maßnahme vorbereitet werden. " (NEBA (2014a),1)

3.2 Rolle der Schule an der Schnittstelle Schule-Beruf

In Österreich gilt die Polytechnische Schule als die Schulform, die sich hauptsächlich darum annimmt, die Schülerinnen und Schüler auf die Arbeitswelt vorzubereiten. Dieser Schultyp wird vor allem von Jugendlichen gewählt, die sich bereits für eine duale Berufsausbildung entschieden haben (vgl. Niedermair, C. (2005): Brückenbau Schule - Arbeitswelt: Aufgaben der Schule an dieser Schnittstelle mit Beispielen von Good Practice, in: Felkendorff, K., Lischer, E. (Hrsg.) (2005): Barrierefreie Übergänge? Jugendliche mit Behinderungen und Lernschwierigkeiten zwischen Schule und Berufsleben, Zürich, Verlag Pestalozzianum, 67). In den letzten Jahren hat sich die Polytechnische Schule auch immer mehr für Jugendliche geöffnet, die einen sonderpaedagogischen Förderbedarf benötigen (vgl. Niedermair, C. (2005), 67). Bei den Jugendlichen mit Beeinträchtigungen stellt die Gruppe der Jugendlichen mit sonderpädagogischem Förderbedarf im Bereich des Lernens den weitaus größten Anteil dar. Darüber hinaus zeigt fast jeder zweite dieser Jugendlichen auch Auffälligkeiten im Bereich des Verhaltens (vgl. Spiess, W. (2002): Lern- und Verhaltensstörungen bei ein- und demselben Kind: Koinzidenz oder Komorbidität?, in: Wittrock, M., Schröder, U., Rolus-Borgward, S., Tänzer, U. (Hrsg.): Lernbeeinträchtigung und Verhaltensstörung. Konvergenzen in Theorie und Praxis, Stuttgart, Berlin, Köln, 39). Auch die Sonderschule erkannte, dass sie ihre Schülerinnen und Schüler auf das Berufsleben vorbereiten muss und führte die Berufsvorbereitungsklassen am Ende der Pflichtschulzeit ein (vgl. Niedermair, C. (2005), 68). Der Lehrplan für das Berufsvorbereitungsjahr an Sonderschulen beinhaltet unter anderem folgenden Schwerpunkt: „Im Berufsvorbereitungsjahr sind die Schülerinnen und Schüler auf das weitere Leben und insbesondere auf das Arbeits- und Berufsleben vorzubereiten. Dabei sind sie zu befähigen, persönliche Lebens- und Berufsperspektiven zu entwickeln, betriebliche Arbeit aus der Sicht der Arbeitnehmer ebenso wie aus der Sicht der Arbeitgeber kennen und einschätzen zu lernen. Sie sind in die Lage zu versetzen und zu motivieren, sich möglichst selbstständig beziehungsweise mit Unterstützung um einen Ausbildungs- beziehungsweise Arbeitsplatz zu bewerben sowie bestehende Ausbildungs-, Fortbildungs- und Weiterbildungsangebote wahrzunehmen." (Community - Integration/Inklusion - Sonderpädagogik (2014): Lehrplan für das Berufsvorbereitungsjahr an Sonderschulen, http://www.cisonline.at /fileadmin/kategorien/LP_BVJ.pdf, Abfragedatum 07.07.2014)

Gleichgültig, in welchem Rahmen die Berufsvorbereitung in den einzelnen schulischen Institutionen durchgeführt wird, lassen sich vier zentrale Faktoren feststellen, die dazu beitragen, dass dieser Übergangsprozess erfolgreich gemeistert wird (vgl. Niedermair, C. (2005), 69):

- Übergangsplanung als langfristiger Prozess:

In diesem Prozess ist die Schülerin/der Schüler aufgefordert, ihre/seine Berufs- beziehungsweise Weiterbildungswahl, die oft sehr unreflektiert getroffen wird, zu hinter- fragen. Ziel ist, dass es zu einem Berufsfindungsprozess kommt, in dem sich die Ju- gendlichen ihren eigenen Fähigkeiten und Potentialen bewusst werden. In weiterer Folge unterstützt man dann die Schülerin/den Schüler, dass sie/er Berufsfelder findet, in denen ihre/seine vorher entdeckten Fähigkeiten verlangt beziehungsweise vorausgesetzt werden. Dieser Prozess dauert, wenn er professionell konzipiert ist, mitunter mehrere Monate. Leider ist es nach wie vor so, dass sich die Schule vor allem mit der Wissensvermittlung beschäftigt. Dem Erwerb von Handlungskompetenzen, von Selbständigkeit, von kommuni- kativen Kompetenzen und von ausreichendem Selbstwertgefühl wird nur wenig Zeit gewidmet. Gerade diese Kompetenzen spielen im Übergangsprozess eine zentrale Rolle (vgl. Niedemair, C. (2005), 69). Die Schule ist deshalb mehr denn je aufgefordert, diese Bildungsaufgaben zu thematisieren und Unterrichtszeit dafür einzuplanen, um diese Kompetenzen zu trainieren beziehungsweise zu festigen.

Fachleute auf dem Gebiet der Berufsorientierung gehen davon aus, dass diesem Prozess zumindest zwei Jahre Zeit gegeben werden sollte. Im ersten Jahr beschäftigt man sich, wie schon oben näher erläutert, mit der Bewusstmachung eigener Fähigkeiten und Stärken und setzt diese in Bezug zur Berufswelt. Darüber hinaus steht das Kennenlernen von verschie- denen Berufsfeldern im Vordergrund. Im zweiten Jahr sollte dann von der Theorie in die Praxis übergegangen werden. Dies erfolgt in der Regel durch Schnupperpraktika, Betriebs- besichtigungen, Berufsmessen, und dergleichen (vgl. Niedermair, C. (2005), 70).

- Übergangsplanung als komplexer Entwicklungsprozess:

Ein Entwicklungsprozess kann bei den Jugendlichen dann stattfinden, wenn nicht die reine Wissensvermittlung im Vordergrund steht, sondern wenn zu Nachdenkprozessen angeregt wird.

Dazu eignen sich laut Niedermair (2005, 70) folgende Fragestellungen:

Wer bin ich, wie sehe ich mich und wie sehen mich andere?

Was ist mein Traumberuf?

Wo habe ich meine Fähigkeiten und Stärken und wo meine Schwächen?

Was interessiert mich, welche Neigungen habe ich?

Wie verhalte ich mich in Konfliktsituationen?

Diese Nachdenkprozesse sollten am Anfang der Berufsorientierung stattfinden. Wenn sich Jugendliche nicht auf diese grundlegenden Fragen einlassen beziehungsweise wenn im Unterricht nicht dafür Zeit eingeräumt wird, dann verfehlt das Fach sein Ziel. Jugendlichen soll in diesem Fach ein Rahmen geboten werden, in dem sie sich über ihre Stärken und Schwächen, über ihre Interessen und Neigungen und natürlich auch über ihre Behinderungen bewusst werden. Wenn dies passiert, dann hat die Lehrerin/der Lehrer den Grundstein für einen gelungenen Übergang ins Berufsleben beziehungsweise in eine weiterführende Maßnahme gelegt. Die Jugendlichen werden sich dadurch ihren Fähigkeiten, Stärken und Schwächen bewusst und sie entwickeln nach und nach ein realistisches Bild über ihre zukünftigen beruflichen Möglichkeiten.

Gerade die Thematisierung der Behinderung verlangt von den Betroffenen einiges ab. Schmerzlich wird ihnen bewusst, dass ihnen ihre Behinderung auch im Berufsalltag Grenzen setzt. Viele Schülerinnen und Schüler reagieren darauf „... oft mit Resignation, Selbstüberschätzung, Ignoranz, Rückzug, Verweigerung, Kompensation - Verhaltensweisen, die Praktiker/innen oft hilf- und ratlos machen." (Niedermair, C. (2005), 72)

- <u>Übergangsplanung als Vernetzungsprozess:</u>

Eine weitere wichtige Aufgabe der Schule an der Schnittstelle Schule - Beruf ist die Vernetzung mit allen anderen beteiligten Personen beziehungsweise Institutionen. Dieser Prozess der Vernetzung steht erst am Anfang, da im österreichischen Schulsystem immer noch das Denken in abgeschlossenen, aufeinanderfolgenden Stufen stark vertreten ist. Zusammenarbeit beziehungsweise Kontakt wird normalerweise mit dem Arbeitsmarktservice, den Berufsinformationszentren und dem Jugendcoaching gepflegt. Schulintern werden oft Elternabende zum Thema Berufsorientierung angeboten. Diese Vernetzung ist jedoch noch ausbaufähig. Wünschenswert wäre, dass alle am Prozess Beteiligten an einer anhaltenden Zusammenarbeit interessiert sind (vgl. Niedermair, C. (2005), 72).

Das heißt, dass dieser Vernetzungsprozess nur dann erfolgreich ist, wenn die Prozessbeteiligten in regelmäßigen Abständen zusammenkommen und sich gemeinsam weitere sinnvolle Maßnahmen für die betreffende Schülerin/den betreffenden Schüler überlegen.

Niedermair ist in Vorarlberg Mitarbeiterin des Eingliederungsprojekts SPAGAT, das sich darum bemüht, dass dieser Vernetzungsprozess intensiv praktiziert wird. Folgende Aufgaben werden von dem Projekt wahrgenommen:
Gemeinsam wird mit den Jugendlichen ein Fähigkeitsprofil erstellt; Beobachtungen der verschiedenen Prozessbeteiligten werden besprochen, um mögliche Ressourcen herauszufinden. In weiterer Folge versucht man, mögliche Arbeitsfelder herauszufinden und erste Firmen zu akquirieren, die entsprechende Schnupperpraktika passend zu den vorab definierten Arbeitsfeldern anbieten. Genauso ist es Aufgabe des Projektes, dass die Jugendlichen während des Schnupperpraktikums betreut werden und Unterstützung erfahren, wenn Probleme am Arbeitsplatz auftauchen. Zusätzlich stehen die Mitarbeiterinnen/die Mitarbeiter des Projektes in enger Verbindung mit den Eltern und den Lehrpersonen (vgl. Niedermair, C. (2005), 73).
„Auf der Basis gemeinsamer Einschätzungen und gewonnener Erkenntnisse vor allem aus Schnupperpraktika werden [...] individuelle Förderziele entwickelt." (Niedermair, C. (2005), 74)

- Übergangsplanung für vielfältige Realbegegnungen nutzen:
In der zweiten Phase der Berufsorientierung soll das Augenmerk verstärkt auf die Berufswelt gerichtet werden. Berufspraktische Tage und Schnupperpraktika bestimmen diese Phase. Wichtig dabei erscheint, dass dieses Angebot flexibel eingesetzt werden kann. Bei manchen Jugendlichen wird es vernünftig sein, mehrere Schnupperpraktika in verschiedenen Firmen durchzuführen, bei anderen Jugendlichen ist es möglicherweise sinnvoller, wenn man in ein und demselben Betrieb kontinuierlich einen Tag pro Woche ein Praktikum absolviert. Gerade bei Jugendlichen mit Beeinträchtigungen ist es wichtig, dass eine gute Beziehung zum Schnupperbetrieb aufgebaut wird, sodass eventuell vorherrschende Vorurteile und Ängste seitens des Betriebs abgebaut werden können. Natürlich ist es erforderlich, dass die Jugendlichen im Praktikum durch die Lehrperson oder durch Personen von Eingliederungsprojekten betreut werden. In der Nachbereitung des Praktikums sollten Fertigkeiten, die am Praktikumsplatz Schwierigkeiten bereiteten, geübt beziehungsweise trainiert werden (vgl. Niedermair, C. (2005), 74).

Auch Schülerfirmen bieten den Jugendlichen in dieser Phase die Möglichkeit, das reale Berufsleben intensiv kennenzulernen. „Sie eröffnen Schülerinnen/Schülern mit überwiegend intellektuellen Behinderungen ein intensiveres Kennenlernen betrieblicher Zusammenhänge und vielfältiger Arbeitsbereiche und sollen dazu beitragen, Sinn an Lerntätigkeiten zu finden." (Von Daniels, S. (1998): Aspekte zur Rolle von LehrerInnen im Prozess der Übergangsphase, http://bidok.uibk.ac.at/library/daniels-uebergangsphase.html, Abfragedatum 23.2.2014)

Schülerinnen/Schüler leiten hierbei einen oder mehrere Tage gemeinsam mit dem Stammpersonal die Firma. In Oberösterreich hat sich für diese Art der Zusammenarbeit schon mehrmals die Firma baumax zur Verfügung gestellt. Als Ziele solcher Schülerfirmen nennt von Daniels (1998, 8) unter anderem:

- Die Übernahme von Verantwortung
- Kennenlernen des Umganges mit fremden und wechselnden Personen
- Die Beschäftigung mit ungeliebten Notwendigkeiten
- Der Erwerb von handwerklichen und manuellen Fähig- und Fertigkeiten
- Die Fähigkeit zur Entwicklung eines realistischen Selbstbildes

Dieses Kapitel soll aufzeigen, dass die Schule an der Schnittstelle Schule ‒ Beruf sehr wohl einen wichtigen Beitrag leisten kann, damit Jugendliche mit Beeinträchtigungen ins Berufsleben integriert werden können. Die Schule alleine ist jedoch mit dieser Aufgabe überfordert. Ihre Aufgabe in dem Integrationsprozess besteht darin, dass sie den Jugendlichen im Rahmen des Unterrichts die nötigen fachlichen und zeitlichen Ressourcen zur Verfügung stellt, dass ein Berufsfindungsprozess stattfinden kann. Darüber hinaus ist die Schule verantwortlich, dass sie reale Begegnungen mit dem Arbeitsmarkt schafft, wie zum Beispiel durch Betriebsbesichtigungen, Schnupperpraktika, berufspraktische Wochen o.Ä. Niedermair (2005, 76) formuliert eine zweite wichtige Aufgabe der Schule folgendermaßen: „Die Schule öffnen ‒ für Integrationsfachdienste, für Realerfahrungen, für individuelle Formen der Begleitung, rechtzeitig Vernetzungsstrukturen mit sämtlichen Prozessbeteiligten aufbauen, den Übergang als langfristig-überlappenden Prozess gestalten ‒ das wäre die zweite grundlegende Aufgabe. "

3.3 Problemfelder an der Schnittstelle Schule – Beruf

Beim Übergang von der Schule ins Berufsleben ergeben sich für Jugendliche mit Beeinträchtigungen einige Problemfelder. Diese hier aufgelisteten Problemfelder stellen nicht den Anspruch auf Vollständigkeit, in der Literatur wird jedoch immer wieder auf diese verwiesen, sodass man davon ausgehen kann, dass sie am häufigsten auftreten. Damit an dieser Schnittstelle effizient und klientenorientiert gearbeitet werden kann, muss sich die zuständige Betreuungsperson dieser Problemfelder bewusst sein und abklären, welche auf seine Klientin/seinen Klienten zutreffen. Folgende Problemfelder werden in der Literatur beschrieben:

3.3.1 Familiäres Umfeld

Viele Jugendliche mit Beeinträchtigungen kommen aus Familien, die eine unterdurchschnittliche berufliche und gesellschaftliche Stellung einnehmen. In diesen Familien spielt die Überlegung der beruflichen Integration ihrer Kinder eine untergeordnete Rolle. Materielle Sorgen bestimmen oft den Alltag (vgl. Fasching, H., Niehaus, M. (2004): Berufliche Integration von Jugendlichen mit Behinderungen: Synopse zur Ausgangslage an der Schnittstelle von Schule und Beruf, http://www.bwpat.de/ausgabe6/fasching_niehaus_bwpat6.pdf, Abfragedatum 09.01.2014). Diese Voraussetzungen erschweren oft die Integration der Jugendlichen. Es ist allgemein bekannt, dass das familiäre Umfeld maßgeblich den weiteren Lebensweg der heranwachsenden Jugendlichen prägt. „Die familiäre Sozialisation vermittelt Erfahrungen, Fertigkeiten und Orientierungen, die sowohl für die allgemeine Lebensführung als auch für die beruflichen Informationen, Werthaltungen, Entscheidungen und Qualifikationen von Bedeutung sind." (Schröder, H. (1987): Die Berufseinmündung von Lernbehinderten, Zeitschrift für Heilpädagogik, 38, 1, 112)

Aufgrund dieser negativen Voraussetzungen, dass Jugendliche mit Beeinträchtigungen oftmals nicht die nötige familiäre Unterstützung bei der beruflichen Integration erfahren, sinken natürlich ihre Chancen auf dem Arbeitsmarkt zusätzlich. Die Integration in den Arbeitsmarkt wird ohne entsprechende externe Unterstützung nur schwer gelingen (vgl. Willand, H., Verbeck, J. (1994): Beruf – Kernstück von Integration: Berufs- und Lebensbewährung Lernbehinderter als Kriterium für die Legitimation und Leistungsfähigkeit von Fördereinrichtungen für Lernbehinderte, in: Zeitschrift für Heilpädagogik, 7, 437).

3.3.2 Kulturelle Herkunft

Ausländische Jugendliche mit Beeinträchtigungen gehören zu jenen Personen, die oft am schwierigsten in der Berufswelt Fuß fassen können. 1997 führte Klein unter Förderschülerinnen/Förderschülern eine Untersuchung durch, die die soziale Benachteiligung dieser Gruppe aufzeigen sollte. Die größte Auffälligkeit, die Klein feststellte, war der hohe Anteil an ausländischen Schülern. Dieser betrug unter den Förderschülern 48,5% (vgl. Klein, G. (2001): Sozialer Hintergrund und Schullaufbahn von Lernbehinderten/Förderschülern 1969 und 1997, in: Zeitschrift für Heilpädagogik, 2, 52).

Klein meint, dass diese Jugendlichen sicher nicht nur wegen ihrer sprachlichen Probleme die Sonderschule besuchen und verweist darauf, dass viele dieser Jugendlichen zum Teil unter sehr ungünstigen Lebens- und Erziehungsbedingungen aufwachsen (vgl. Klein, G. (2001), 58). Weitere Hindernisse, die die berufliche Integration von ausländischen Jugendlichen mit Beeinträchtigungen erschweren, sind die oftmals vorherrschenden Vorbehalte gegen Behörden und die fehlende Einbindung in ein soziales Netz, in dem auf informellen Wegen Zutritte zu Betrieben und Ausbildungen erfolgen (vgl. Bundesministerium für Bildung und Forschung (1998): Berufliche Qualifizierung benachteiligter Jugendlicher, http://www.google.at/url?sa=t&rct=j&q=&esrc=s&source=web&cd=1&ved=0CCoQFjAA &url=http%3A%2F%2Fwww.ausbildungsvorbereitung.de%2Fdownload%2Fbqbj.pdf&ei=1 xYLU_vGLc7T7AbYjIGoCA&usg=AFQjCNF5Hl_ejZEGYQyWMFvMdxiNuNLCUQ, Abfragedatum 24.02.2014).

3.3.3 Qualifikation

Jugendliche mit Beeinträchtigungen verfügen im Allgemeinen über ein niedriges Bildungsniveau. Sie beenden ihre schulische Laufbahn meist mit dem Abschluss der Sonderschule, der Hauptschule oder mit gar keinem Abschluss (vgl. Fasching, H. (2004a): Problemlagen Jugendlicher mit Behinderungen in Bezug auf die berufliche Integration, in: Sasse, A., Viktovà, M., Störmer, Norbert (Hrsg.) (2004): Integrations- und Sonderpädagogik in Europa: Professionelle und disziplinäre Perspektiven, Bad Heilbrunn, Klinkhardt, 359-372).

Daten des Arbeitsmarktservice Österreich zeigen, dass Personen mit niedrigem Bildungsgrad sehr stark von Arbeitslosigkeit betroffen sind. „Die Arbeitslosigkeit lag Ende Jänner 2014 in allen Ausbildungsebenen über dem Vorjahresniveau. Einen starken Anstieg verzeichneten Personen mit maximal Pflichtschulausbildung (15.573 beziehungsweise 10,1%) und Personen mit Lehrabschluss (8.881 beziehungsweise 7,0%)." (Arbeitsmarktservice Österreich (2014): Die Arbeitsmarktlage Ende Jänner 2014, http://www.ams.at/_docs/001_monatsbericht.pdf,

Abfragedatum 24.02.2014) Insgesamt gibt es in Österreich momentan 369.837 Arbeitslose. Von diesen Personen besitzen 147.034 nur den Pflichtschulabschluss und 23.460 können gar keinen Abschluss vorweisen. Das heißt, dass diese beiden Personengruppen fast 50% der Gesamtarbeitslosen ausmachen. Weiters ist zu erwähnen, dass diese Zahlen im Vergleich zum Vorjahr dramatisch angestiegen sind. Die Arbeitslosenrate bei Personen, die nur einen Pflichtschulabschluss vorweisen können, stieg im Vergleich zum Vorjahr um 9,9% und bei Personen, die keinen Pflichtschulabschluss vorweisen können um 11% (vgl. Arbeitsmarktservice Österreich, (2014), 29,30).

3.3.4 Geschlecht

Auch das Geschlecht spielt bei der Integration in den Arbeitsmarkt eine nicht unwesentliche Rolle. So zeigen Studien, dass besonders lernbehinderte Mädchen zweifach benachteiligt sind. Einerseits durch Ihre Behinderung andererseits durch ihr Geschlecht. Die Unterstützung aus dem familiären Umfeld ist zum Beispiel bei Mädchen mit einer Lernbehinderung geringer als bei Jungen mit einer Lernbehinderung. Der Anteil an lernbehinderten Mädchen beträgt in den schulischen Einrichtungen rund 40%, in den Einrichtungen der beruflichen Rehabilitation schwindet der Anteil der lernbehinderten Mädchen auf 35%. Daraus kann man schließen, dass einige dieser Mädchen keine berufliche Ausbildung oder Vorbereitung in Anspruch nehmen. Die Auswahl an Ausbildungsberufen ist für diese Mädchen auch wesentlich geringer als für lernbehinderte Jungen. Klassische Berufsfelder sind im einfachen Dienstleistungssektor angesiedelt. Daraus resultiert das nächste Problem, da die betroffenen Personen - bedingt durch die schlechten Verdienstmöglichkeiten - ihren Lebensunterhalt oft nicht selbständig bestreiten können (vgl. Orthmann, D. (2000): Nachschulische Lebensperspektiven lernbehinderter Mädchen: Anmerkungen zum aktuellen Forschungsstand, in: Zeitschrift für Heilpädagogik, 3, 108-114).

3.3.5 Soziale Einstellung und Vorurteile von Betrieben

Bei der Integration einer Person mit Beeinträchtigungen in den Arbeitsmarkt spielen die sozialen Einstellungen und vorherrschende Vorurteile in Betrieben eine entscheidende Rolle. Viele Einstellungstheorien unterscheiden dabei drei Komponenten einer Einstellung:

- „Die kognitive oder Wissenskomponente bezieht sich darauf, dass das Einstellungsobjekt in ganz spezifischer Weise wahrgenommen wird; sie zeigt sich in den Vorstellungen, Überzeugungen und bewertenden Urteilen des Individuums gegenüber einem Einstellungsobjekt,

- die affektive oder Gefühlskomponente umschreibt den emotionalen Aspekt, die (positiven oder negativen) Gefühle und subjektiven Bewertungen des Individuums gegenüber einem Einstellungsobjekt,

- die konative oder Handlungskomponente hebt auf die Verhaltensintentionen oder Handlungstendenzen des Individuums gegenüber einem Einstellungsobjekt ab." (Cloerkes, G. (1997), 76)

Gerade Personen mit einer Lernbehinderung oder einer Beeinträchtigung im psychischen Bereich sind wesentlich öfter mit Vorurteilen konfrontiert als Jugendliche mit körperlichen Beeinträchtigungen. Arbeitgeberinnen scheinen beeinträchtigte Jugendliche eher zu akzeptieren als Arbeitgeber (vgl. Cloerkes, G. (1997), 77).

Seifert (1977) nennt in diesem Zusammenhang vier Kontextbedingungen am Arbeitsplatz, die für eine dauerhafte Integration in den Arbeitsmarkt notwendig sind. Dazu gehören:

- „Angemessenheit der Leistungsanforderungen an die Leistungsfähigkeit des Behinderten (weder Über- noch Unterforderung),

- Einstellung des Vorgesetzten zum Behinderten und Behandlung des Behinderten (positive Einstellung, Verständnis, Geduld, Rücksichtnahme),

- Einstellung der Mitarbeiter zum Behinderten (Annahme und Anerkennung des Behinderten als prinzipiell gleichwertigen und gleichberechtigten Arbeitskollegen, Rücksichtnahme und Hilfsbereitschaft bei außergewöhnlichen Belastungen), Soziales Klima im Betrieb und am Arbeitsplatz." (Seifert, K.-H. (1977): Handbuch der Berufspsychologie, Göttingen, Verlag für Psychologie, 737)

3.4 Unterstützungsbedarf Jugendlicher mit Beeinträchtigungen an der Schnittstelle Schule-Beruf

Durch die beschriebenen Problemfelder wird ersichtlich, dass Jugendliche mit Beeinträchtigungen an der Schnittstelle Schule - Beruf oftmals auf Unterstützung angewiesen sind. Darüber hinaus ist bei Jugendlichen mit Beeinträchtigungen, die zur Integration in den Arbeitsmarkt Unterstützung benötigen, in den letzten Jahren ein deutlicher Anstieg zu verzeichnen. Diesen Herausforderungen begegnete man unter anderem mit der Einführung der integrativen Berufsausbildung, die im Kapitel 3.4 näher erläutert wird. Dennoch stellt die Integration dieser Personengruppe eine große Herausforderung dar, unter anderem auch deswegen, weil sie oftmals Defizite in den Kulturtechniken (Lesen, Schreiben, Rechnen) und in der Allgemeinbildung haben. Viele dieser Jugendlichen sind in ihrer Entwicklung verzögert und besitzen deshalb auch nicht die notwendige Reife, um sich für einen geeigneten Beruf zu entscheiden beziehungsweise eine Arbeit aufzunehmen und diese längerfristig zu behalten. Deshalb wurden in den letzten Jahren auch zusätzliche Maßnahmen entwickelt, die den besonderen Bedürfnissen von Jugendlichen mit Beeinträchtigungen gerecht werden sollen. (vgl. Institut für „Bildung und Innovation" (2014): Jugendliche mit Behinderungen, http://www.arbeitundbehinderung.at/de/arbeitsmarkt/jugendliche/, Abfragedatum 15.03.2014).

Im vorangegangenen Kapitel wurden die Problemfelder für Jugendliche mit Beeinträchtigungen an der Schnittstelle Schule – Beruf näher erläutert. Diese Erläuterung zeigt klar auf, dass dieser Personenkreis Unterstützung benötigt. Das nächste Kapitel gibt einen Überblick über die Arbeitsmarktsituation für Jugendliche mit Beeinträchtigungen. Im weiteren Verlauf werden Integrationsmaßnahmen für Jugendliche mit Beeinträchtigungen vorgestellt.

4 Jugendliche mit Beeinträchtigungen am österreichischen Arbeitsmarkt

In diesem Kapitel wird die Arbeitsmarktlage für Jugendliche mit Beeinträchtigungen näher erläutert. Aktuelle Arbeitslosenzahlen von Jugendlichen mit Beeinträchtigungen und allgemein von Personen mit Vermittlungseinschränkungen weisen darauf hin, dass auch in Österreich Handlungsbedarf an der Schnittstelle Schule ‑ Beruf besteht. Des Weiteren werden wichtige Teile des Behinderteneinstellungsgesetzes (BEinstG) und die Konvention der Rechte behinderter Menschen der Vereinten Nationen erläutert. Abschließend werden einige Integrationsmaßnahmen für Jugendliche mit Beeinträchtigungen vorgestellt.

4.1 Arbeitsmarktsituation für Jugendliche mit Beeinträchtigungen

Österreich hat im Vergleich zu andern Staaten Europas eine niedrige Arbeitslosenrate. Sie lag im Juli 2013 bei 4,6% (Eurostat). Mit diesem Wert belegte Österreich Platz eins im europäischen Gesamtvergleich. Die nachfolgende Abbildung zeigt jedoch sehr deutlich, dass in den letzten Jahren die Arbeitslosigkeit stieg. Besonders gestiegen ist sie bei Personen mit Beeinträchtigungen. In der Abbildung werden sie als Personen mit gesundheitlichen Vermittlungseinschränkungen bezeichnet (vgl. BMASK (2013): Bundesweites arbeitsmarktpolitisches Behindertenprogramm: BABE – ÖSTERREICH 2014-2017: BEHINDERUNG ‑ AUSBILDUNG ‑ BESCHÄFTIGUNG, https://www.bmask.gv.at/cms/site/attachments/6/5/6/CH2092/CMS1387446156941/babe_2013_n eu_kompl.pdf, Abfragedatum 15.03.2014).

Abbildung 1: Prozentuelle Entwicklung der Arbeitslosigkeit in Österreich seit 2011, Vergleich zum jeweiligen Monat des Vorjahres

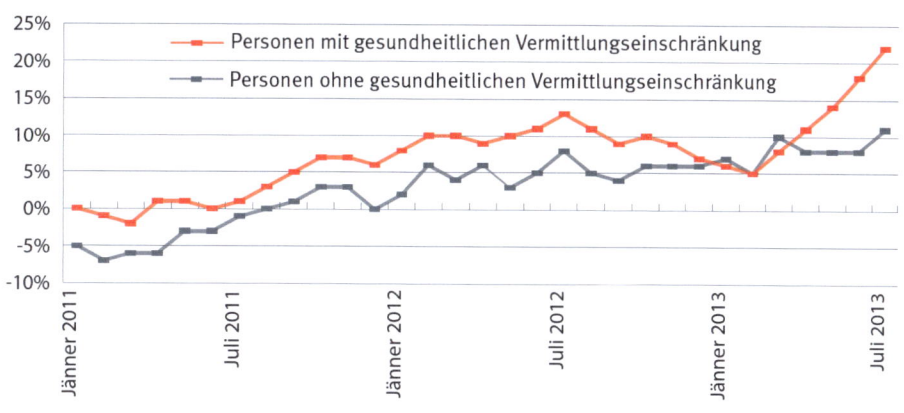

Quelle: AMS

Auch die nächste Tabelle zeigt, dass die Arbeitslosenrate bei Personen mit gesundheitlichen Vermittlungseinschränkungen von 2011 bis 2013 dramatisch angestiegen ist. Von 2011 auf 2012 gab es um 9,7% mehr Arbeitslose mit gesundheitlichen Vermittlungseinschränkungen. Und von 2012 auf 2013 gab es sogar um 17,2% mehr Arbeitslose mit gesundheitlichen Vermittlungseinschränkungen. In Zahlen ausgedrückt waren es im Jahr 2011 36.439 Personen, im Jahr 2012 39.978 Personen und im Jahr 2013 46.854 Personen.

Tabelle 2: Arbeitslos Gemeldete und Personen in Schulungen des AMS seit 2011

		Arbeitslos gemeldete			In Schulung des AMS	Gesamt
		Männer	Frauen	Gesamt		
2011	mit gesundheitl. Vermittlungseinschränkungen	22.454	13.985	36.439	8.666	45.105
	ohne gesundheitl. Vermittlungseinschränkungen	116.640	93.622	210.262	54.565	264.827
	Gesamt	139.094	107.607	246.701	63.231	309.932
2012	mit gesundheitl. Vermittlungseinschränkungen	24.566	15.412	39.978	9.269	49.247
	ohne gesundheitl. Vermittlungseinschränkungen	123.790	96.876	220.666	57.334	278.000
	Gesamt	148.356	112.288	260.644	66.603	327.247
Juli 2013	mit gesundheitl. Vermittlungseinschränkungen	27.993	18.861	46.854	9.646	56.500
	ohne gesundheitl. Vermittlungseinschränkungen	108.566	101.074	209.640	54.197	263.837
	Gesamt	136.559	119.935	256.494	63.843	320.337

Quelle: AMS

Die nächste Tabelle zeigt, inwiefern Jugendliche mit Beeinträchtigungen von diesem negativen Beschäftigungstrend betroffen sind. Die Anzahl der arbeitslosen Jugendlichen mit gesundheitlichen Vermittlungseinschränkungen stieg von Juli 2012 bis Juli 2013 um 12,3% an.

Tabelle 3: Arbeitslose nach Alter und Vermittlungseinschränkungen seit 2011

Arbeitslose...	Juli 2013	Veränderung zu Juli 2012	Juli 2013	Veränderung zu Juli 2012	Juli 2013	Veränderung zu Juli 2012
	...mit gesundheitl. Vermittlungseinschränkungen		...ohne gesundheitl. Vermittlungseinschränkungen		...gesamt	
bis 24 Jahre	2.901	12,3%	36.512	8,9%	39.413	9,1%
25-44 Jahre	17.279	12,4%	105.298	9,9%	122.577	10,2%
ab 45 Jahre	26.674	30,4%	67.829	12,9%	94.503	17,3%
Gesamt	46.854	22,0%	209.640	10,7%	256.494	12,6%

Quelle: AMS

Die Entwicklung am Arbeitsmarkt zeigt, dass es für Menschen mit Beeinträchtigungen in den letzten Jahren immer schwieriger geworden ist. Das Bundesministerium für Arbeit, Soziales und Konsumentenschutz ist bemüht diesem Negativtrend entgegenzuwirken. Die Maßnahmen, die seitens der Regierung gesetzt werden, sind im bundesweiten Arbeitsmarktpolitischen Behindertenprogramm (BABE) festgehalten. Einige dieser Maßnahmen werden im Kapitel 3.5 - Integrationsmaßnahmen für Jugendliche mit Beeinträchtigungen - näher erläutert.

4.2 Gesetzliche Rahmenbedingungen für Jugendliche mit Beeinträchtigungen

Um Menschen mit Beeinträchtigungen die Integration in den Arbeitsmarkt zu erleichtern beziehungsweise ihren Arbeitsplatz zu schützen, wurden im Behinderteneinstellungsgesetz (BEinstG) verschiedene Maßnahmen gesetzlich verankert. Das BEinstG ruht auf drei Säulen:

- Beschäftigungspflicht:

Mit der Beschäftigungspflicht möchte das BEinstG die Integration von begünstigt behinderten Personen in den Arbeitsmarkt unterstützen. Eine Person gilt als begünstigt behindert, wenn sie mindestens einen Grad der Behinderung von 50 v.H. aufweist. Betriebe in Österreich, die 25 oder mehr Arbeitnehmerinnen/Arbeitnehmer beschäftigen, sind verpflichtet auf je 25 Arbeitnehmerinnen/Arbeitnehmer mindestens eine begünstigt behinderte Person einzustellen. Kommt der Betrieb dieser Pflicht nicht nach, muss er eine monatliche Ausgleichstaxe entrichten. Diese beträgt derzeit (2014) monatlich 244 Euro. Hingegen erhält der Betrieb für die Beschäftigung eines begünstigt behinderten Lehrlings eine monatliche Prämie in der Höhe von 244 Euro. Diese Förderung wird aus Mitteln des Ausgleichs-taxenfonds finanziert (vgl. Institut für "Bildung und Innovation" (2014): Beschäfti-gungspflicht, http://www.arbeitundbehinderung.at/de/arbeitsusozialrecht/beschpflicht.php, Abfragedatum 15.03.2014).

- Besonderer Kündigungsschutz:

Das BEinstG schreibt vor, dass die Kündigung einer begünstigt behinderten Person durch die Arbeitgeberin/den Arbeitgeber nur dann rechtswirksam ist, wenn die zuständige Behörde (Ausschuss des Bundessozialamtes) dieser Kündigung zustimmt. Dieser besondere Kündigungs-schutz ist aber erst nach einer gewissen Dauer des Arbeitsverhältnisses wirksam. In den ersten vier Jahren können begünstigt behinderte Arbeitnehmerinnen/Arbeitnehmer wie jede/jeder Arbeit-nehmerin/Arbeitnehmer gekündigt werden (vgl. Institut für "Bildung und Innovation" (2014), http://www.arbeitundbehinderung.at/de/arbeitsusozialrecht/kuendigungsschutz.php, Abfragedatum 23.03.2014). Nach diesem Zeitraum erlangen begünstigt behinderte Arbeit-nehmerinnen/Arbeitnehmer einen erweiterten Kündigungsschutz. Im Detail heißt das für die Arbeitgeberin/den Arbeitgeber Folgendes:

„Will die Arbeitgeberin/der Arbeitgeber das Arbeitsverhältnis einer begünstigten behinderten Person kündigen, so muss sie/er im Vorhinein die Zustimmung zu dieser Kündigung beim Behindertenausschuss beantragen und den Antrag entsprechend begründen. Arbeitgeberinnen/Arbeitgeber müssen vor Einbringung eines Antrags auf Zustimmung zur Kündigung den Betriebsrat, die Personalvertretung und die Behindertenvertrauensperson von ihrer Absicht informieren und diese Gremien um Stellungnahme ersuchen. Weiters muss vor Einleitung des Kündigungsverfahrens vom Bundessozialamt den Parteien die Durchführung einer Krisenintervention angeboten werden. Der Behindertenausschuss ist ein aus Vertreterinnen/Vertretern der Arbeitnehmer- sowie Arbeitgeberverbände und der Behindertenorganisationen zusammengesetztes Gremium, das über die Erteilung der Zustimmung zu beabsichtigten Kündigungen von Mitarbeiterinnen/ Mitarbeitern mit Behinderungen entscheidet." (Institut für "Bildung und Innovation" (2014): Kündigungsschutz, http://www.arbeitundbehinderung.at/de/arbeitsusozialrecht/kuendigungsschutz.php, Abfragedatum 15.03.2014)

„Die Fortsetzung des Dienstverhältnisses wird dem Dienstgeber insbesondere dann nicht zugemutet werden können, wenn:

1. der Tätigkeitsbereich des begünstigten Behinderten entfällt und der Dienstgeber nachweist, dass der begünstigte Behinderte trotz seiner Zustimmung an einem anderen geeigneten Arbeitsplatz ohne erheblichen Schaden nicht weiter beschäftigt werden kann;

2. der begünstigte Behinderte unfähig wird, die im Dienstvertrag vereinbarte Arbeit zu leisten, sofern in absehbarer Zeit eine Wiederherstellung der Arbeitsfähigkeit nicht zu erwarten ist und der Dienstgeber nachweist, dass der begünstigte Behinderte trotz seiner Zustimmung an einem anderen geeigneten Arbeitsplatz ohne erheblichen Schaden nicht weiterbeschäftigt werden kann;

3. der begünstigte Behinderte die ihm auf Grund des Dienstverhältnisses obliegenden Pflichten beharrlich verletzt und der Weiterbeschäftigung Gründe der Arbeitsdisziplin entgegenstehen." (Bundeskanzleramt Rechtsinformationssystem (2014): Behinderteneinstellungsgesetzt § 8 Abs. 4a – 4c, http://www.ris.bka.gv.at/GeltendeFassung.wxe?Abfrage=Bundesnormen&Gesetzesnummer=10008253, Abfragedatum 15.03.2014)

- Förderung und Unterstützung:

Die dritte Säule des BEinstG beinhaltet spezielle Förderungen und Unterstützungen, die von Menschen mit Behinderungen und deren Arbeitgeberinnen/Arbeitgebern in Anspruch genommen werden können. Die Fördermittel werden vom Bundessozialamt und vom Arbeitsmarktservice Österreich zur Verfügung gestellt. Es besteht kein Rechtsanspruch auf die diversen Förderungen und die Höhe der einzelnen Förderungen ist immer von den finanziellen Mittel der Förderinstitutionen abhängig (vgl. Institut für „Bildung und Innovation" (2014): Förderung und Unterstützung, http://www.arbeitundbehinderung.at/de/foerderunguunterstuetzung/, Abfragedatum 15.03.2014).

Förderungen für Arbeitgeberinnen/Arbeitgeber:

- ✓ „Lohnzuschuss aufgrund Leistungsminderung (Entgeltbeihilfe):

  Wenn bei einem begünstigten behinderten Menschen eine wesentliche Leistungsminderung auf seinem Arbeits- beziehungsweise Ausbildungsplatz besteht, die durch technische Arbeitshilfen nicht ausgeglichen werden kann, besteht für Arbeitgeberinnen/Arbeitgeber die Möglichkeit, einen Zuschuss zu den Lohn- und Ausbildungskosten zu erhalten.

- ✓ Zuschuss für gefährdeten Arbeitsplatz (Arbeitsplatzsicherungsbeihilfe):

  Ist der Arbeits- oder Ausbildungsplatz einer Person mit Behinderung gefährdet, kann für die Zeit des Vorliegens der Gefährdung ein Zuschuss zu den Lohn- und Ausbildungskosten gewährt werden.

- ✓ Schaffung von Arbeitsplätzen und Ausbildungsplätzen:

  Für die Schaffung von Arbeits- und Ausbildungsplätzen für begünstigte behinderte Menschen können Zuschüsse oder Darlehen an den Arbeitgeber gewährt werden.

- ✓ Behindertengerechte Ausstattung von Arbeitsplätzen:

  Zum Ausgleich behinderungsbedingter Leistungseinschränkungen oder der Optimierung der Leistungsfähigkeit können bauliche, technische und ergonomische Adaptierungsmaßnahmen bei bestehenden Arbeitsplätzen gefördert werden.

- ✓ Förderung der Lehrausbildung:

  Für Lehrlinge mit Behinderung kann unabhängig von der Art des Lehrverhältnisses eine Förderung gewährt werden.

- ✓ Eingliederungsbeihilfe:

  Arbeitgeberinnen/Arbeitgeber können einen Zuschuss zu den Lohnkosten erhalten, wenn neues Personal eingestellt wird." (Institut für „Bildung und Innovation" (2014): Förderung für Arbeitgeberinnen und Arbeitgeber, http://www.arbeitundbehinderung.at/de/foerderunguunterstuetzung/foerderungarbe itgeber.php, Abfragedatum 15.03.2014)

Förderungen für Arbeitnehmerinnen/Arbeitnehmer:
- ✓ „Ausbildungsbeihilfe:

  Zweck der Ausbildungsbeihilfe ist die Ermöglichung der beruflichen Erstausbildung durch finanzielle Abgeltung des behinderungsbedingten Mehraufwandes.
- ✓ Mobilitätszuschuss:

  Zur Abdeckung des behinderungsbedingten Mehraufwandes im Zusammenhang mit Unzumutbarkeit der Benützung öffentlicher Verkehrsmittel kann ein pauschalierter Zuschuss gewährt werden.
- ✓ Arbeitsplatzbezogene Förderungen:

  Kosten, die nachweislich mit dem Antritt oder der Ausübung einer Beschäftigung zusammenhängen (etwa Schulungskosten, Gebärdensprachdolmetscher), können einer behinderten Person oder deren Arbeitgeberin/Arbeitgeber ersetzt werden, wenn sie nicht von anderen Stellen getragen werden." (Institut für "Bildung und Innovation" (2014): Förderung für Arbeitnehmerinnen und Arbeitnehmer, http://www.arbeitundbehinderung.at/de/foerderungunterstuetzung /foerderungarbeitnehmer.php, Abfragedatum 15.03.2014)

4.3 UN-Konvention

Im Jahr 2008 trat in Österreich die UN-Konvention über die Rechte von Menschen mit Behinderungen in Kraft. Im Artikel 27 der Konvention werden die Eckpunkte einer menschenrechtskonformen Beschäftigungspolitik beschrieben (vgl. BMASK (2013), 11). „Eckpunkte der rechtlichen Rahmenbedingungen sind dabei:

· Schutz vor jeder Form von Diskriminierung,

· sichere und gesunde Arbeitsbedingungen, angemessene Vorkehrungen am Arbeitsplatz,

· Barrierefreiheit beim Zugang zu Angeboten der Annäherung an den Arbeitsmarkt,

· Anreize für Arbeitgeberinnen/Arbeitgeber,

· Unterstützungsstrukturen (auf dem Weg in den Arbeitsmarkt und am Arbeitsplatz),

· Programme für die berufliche Rehabilitation, den Erhalt des Arbeitsplatzes und den beruflichen Wiedereinstieg." (BMASK (2013), 11)

König und Pinetz (2009) zeigen jedoch auf, dass es bei der Umsetzung der UN-Konvention in Österreich einige Widersprüche gibt (vgl. König, O., Pinetz, P. (2009): Das Recht auf Arbeit und Beschäftigung von Menschen mit Behinderung in Österreich: Vision und Realität des aktuellen Standes der Umsetzung des Artikels 27 der UN-Konvention – eine kritische Annäherung, Behinderte Menschen 1/2009, 35 – 49). „In keinem Abschnitt der UN- Konvention wird eine Differenzierung unterschiedlicher Behinderungsformen unternommen oder Ausschlusskriterien für den Geltungsbereich der enthaltenen Rechte festgesetzt. Doch das österreichische System der beruflichen Rehabilitation/Integration sowie der Behindertenhilfe ist ausdrücklich auf einem derartigen Ausschlusskriterium für die Zugänglichkeit arbeits- marktpolitischer Unterstützungsleistungen sowie der Teilhabe am Arbeitsleben aufgebaut. Das Allgemeine Sozialversicherungsgesetz [...] trifft die Unterscheidung zwischen Arbeitsfähigkeit und Arbeitsunfähigkeit entlang einer - aus sozialwissenschaftlicher Sicht - willkürlich definierten Grenze einer (Rest-) Leistungsfähigkeit von mindestens 50% im Vergleich zu einer nicht behinderten Person." (König, O., Pinetz, P. (2009), 38)

4.4 Integrationsmaßnahmen für Jugendliche mit Beeinträchtigungen

4.4.1 Jugendcoaching

Jugendcoaching ist eine Maßnahme für Jugendliche am Ende der Schulpflicht. Es soll ihnen helfen, einen passenden Bildungs- und/oder Berufsweg einzuschlagen. Vor allem Jugendliche mit Beeinträchtigungen oder sonderpädagogischem Förderbedarf können die Leistungen des Jugendcoachings in Anspruch nehmen, neuerdings auch Jugendliche, die Gefahr laufen, die Schule abzubrechen oder keinen Abschluss zu erlangen. Diese Gruppe von Jugendlichen wird seit ungefähr zwei Jahren auch als ausgrenzungsgefährdete Jugendliche bezeichnet. Durch das Jugendcoaching soll „[…] ausgrenzungsgefährdeten Jugendlichen durch Beratung, Begleitung und Case Management ihren Fähigkeiten entsprechende Perspektiven aufgezeigt, durch individuelle Unterstützungspakete die Leistungsfähigkeit gefördert und die anschließende Aufnahme in die bestmögliche arbeitsmarktpolitische Maßnahme vorbereitet werden." (Bundessozialamt (2014), http://www.bundessozialamt.gv.at/basb/UnternehmerInnen/Jugendcoaching, Abfragedatum 02.03.2014)

Das Jugendcoaching beginnt im 9. Schulbesuchsjahr der Jugendlichen. In Zusammenarbeit mit den Lehrerinnen/Lehren werden die Jugendlichen, die diese Betreuung benötigen, ausgewählt. So wird gewährleistet, dass ausgrenzungsgefährdete Jugendliche frühzeitig erkannt werden, um ihnen individuelle und bedarfsorientierte Betreuung anbieten zu können. Der Jugendlichen/dem Jugendlichen wird eine fixe Betreuungsperson zugewiesen, die auch die Gesamtorganisation des Coachingprozesses übernimmt. Beim Jugendcoaching durchlaufen die Jugendlichen drei Phasen: das Erstgespräch, die Beratung und die Begleitung. Auch Jugendlichen, die sich nicht mehr im Schulsystem befinden, soll der Zugang zum Jugendcoaching ermöglich werden. Die Jugendcoaches sind dafür verantwortlich, ein optimales Übergangsmanagement zu gewährleisten, sodass eine erfolgreiche Integration der Jugendlichen in eine Folgemaßnahme stattfinden kann (vgl. BMASK (2012): Richtlinien Jugendcoaching, http://www.sozialministerium.at//cms/site/attachments/2/8/8/CH2217/CMS1220346918410/rl_jugendcoaching.pdf, Abfragedatum 03.03.2014).

Phase 1: Erstgespräch

Die Erstgespräche finden am Schulstandort statt. Sie dienen dazu, dass die Jugendlichen und ihre Erziehungsberechtigten über das Konzept „Jugendcoaching" informiert werden (vgl. BMASK (2012), 4).

Ziel der Erstgespräche ist:

- „Aufbau eines Vertrauensverhältnisses,

- Abklärung der aktuellen Situation beziehungsweise des ersten Eindrucks von der Problematik und den Ressourcen des/der Jugendlichen im Sinne einer Anamnese,

- Abklären von möglichen Erwartungshaltungen und Vorstellungen, sowie die Erarbeitung einer Zielvereinbarung." (BMASK (2012), 5)

In der Zielvereinbarung wird die weitere Vorgehensweise schriftlich unter Einbeziehung aller anwesenden Personen festgehalten. Darin ist genau beschrieben, „wer welche Leistung zu welchen Bedingungen und in welchem Zeitrahmen erbringt." (BMASK (2012), 5)

Wenn die Jugendliche/der Jugendliche noch mehr Unterstützung benötigt, dann erfolgt ein Übertritt in Stufe 2 oder 3. Es kann auch der Fall sein, dass andere Angebote passender erscheinen, zum Beispiel der Übertritt in den Ausbildungs- beziehungsweise Bildungssektor, in den Arbeitsmarkt oder in unterstützende Angebote des AMS (vgl. BMASK (2012), 5).

Phase 2: Beratung

In dieser Phase wird genau abgeklärt, welche Probleme noch behoben werden müssen, um eine Ausbildung in Angriff nehmen zu können. Das Jugendcoaching beschäftigt sich mit den Wünschen und Bedürfnissen der Jugendlichen, um eine maßgeschneiderte Unterstützung anbieten zu können, die folgende Themen beinhaltet:

- „ · (detaillierte) Abklärung der Ist-Situation,

- allgemeine Beratungsleistungen sowie Entscheidungs- und Orientierungsunterstützung,

- Berufsorientierung und Organisation von Praktika beziehungsweise Schnuppertagen,

- zielgerichtete Vermittlung an bestehende begleitende Unterstützungs- und Betreuungsangebote,

- abgestimmte und koordinierte Übergabe an beziehungsweise gegebenenfalls auch Begleitung in weiterführende Betreuungs- und/oder (Aus-)Bildungssysteme (zum Beispiel betriebliche und überbetriebliche Lehrausbildung, AMS/BSB-Betreuung etc.) sowie

- Abschlussgespräch und Übergabe der „Fachlichen Stellungnahme " (Abschlussbericht) des Jugendcoaches." (BMASK (2012), 5)

Am Ende der Beratungsphase verfassen die Jugendcoaches einen standardisierten Kurzbericht, in dem sie ihre Empfehlungen abgeben. Das Jugendcoaching ist dazu verpflichtet, zu überprüfen, ob diese Empfehlungen vonseiten der Jugendlichen umgesetzt wurden. „Somit soll gewährleistet werden, dass es zu einer qualifizierten Weiterverweisung der Jugendlichen an die entsprechende Folgemaßnahme und zu einer möglichst nahtlosen Weiterbegleitung kommt." (BMASK (2012), 6)

Um eine Integrative Berufsausbildung absolvieren zu können, muss der Abschluss der Phase mit einer „Fachlichen Stellungnahme" nachgewiesen werden können (vgl. NEBA (2014b): Netzwerk Berufliche Assistenz, Jugendcoaching, http://neba.at/downloads/jugendcoaching.html, Abfragedatum 02.03.2014).

Phase 3: Begleitung

Jugendliche, die eine intensive Betreuung benötigen, werden „...nach Erkennen der Problemlage (im Rahmen der Erstgespräche) direkt an die Stufe 3 – Begleitung im Sinne eines Case Management - weitergeleitet." (BMASK (2012), 6) Diesen Jugendlichen werden folgende Leistungen angeboten:

- „Umsetzung der Zielvereinbarung,
- prozesshafte Abklärung,
- Berufsorientierung und Organisation von Praktika, Kontakte zu Betrieben und potenziellen ArbeitgeberInnen beziehungsweise Ausbildungsträgern,
- Stärken-Schwächen-Analyse sowie Neigungs- und Fähigkeitsprofil,
- koordinierte und zielgerichtete Inanspruchnahme von „externen" Beratungs- und
Betreuungseinrichtungen beziehungsweise -leistungen,
- · Einbeziehung des familiären und sozialen Umfelds,
- · Abschlussgespräch und Übergabe eines Abschlussberichtes." (BMASK (2012), 6)

Am Ende dieser Phase wird in einem Abschlussbericht „...eine individuelle Empfehlung für die weitere Zukunftsplanung ausgestellt. Zudem werden sowohl kurzfristige als auch mittel- und langfristige Ziele festgelegt und definiert, in welchem Zeitraum sie im Anschluss an die Begleitung erreicht werden sollen." (BMASK (2012), 6) Das Jugendcoaching hat die Aufgabe, dass es diese komplexen Abläufe überblickt, um eine optimale Ressourcennutzung sicherzustellen. Das kann nur dann gewährleistet werden, wenn es dem Jobcoaching gelingt, alle am Integrationsprozess beteiligten Personen und Institutionen zu vernetzen.

Abbildung 2: Grafische Darstellung des Aufgabengebietes des Jugendcoachings

Quelle: NEBA 2014b, 11

4.4.2 Arbeitsassistenz und Jugendarbeitsassistenz

„Die zentrale Aufgabe der Arbeitsassistenz ist die persönliche, individuelle, beratende und begleitende Unterstützung im Arbeitserlangungs- beziehungsweise Arbeitssicherungsprozess von Menschen mit Beeinträchtigung. Konkret bedeutet dies, die Beratung und Begleitung von Frauen und Männern mit Beeinträchtigung zur Erlangung von Arbeitsplätzen oder zur Sicherung von gefährdeten Arbeitsplätzen. " (Pöschko, H., Meusburger, K. (2012), 20 Jahre Arbeitsassistenz Österreich: Forschungsbericht, http://bidok.uibk.ac.at/library/poeschko-arbeitsassistenz.html#id

p9365344, Abfragedatum 26.02.2014)

In Österreich starteten die ersten Arbeitsassistenzprojekte 1992 und wurden seitdem stetig ausgebaut. Die Arbeitsassistenz berät und begleitet Menschen mit Beeinträchtigungen (körperlicher, geistiger und psychischer Natur) mit dem Ziel, einen klientengerechten Arbeitsplatz zu akquirieren beziehungsweise einen gefährdeten Arbeitsplatz zu sichern. Wurden in den Anfangsjahren (1992-1994) um die 200 Personen betreut, lag die Zahl zehn Jahre später schon bei 5270 zu betreuenden Personen pro Jahr. 2008 konnten dann österreichweit schon 11087 Klientinnen/Klienten das Angebot der Arbeitsassistenz in Anspruch nehmen. Circa 300 Arbeitsassistentinnen/Arbeitsassistenten sind in den neun Bundesländern im Einsatz. In Österreich bieten insgesamt 36 unterschiedliche Trägerorganisationen Arbeitsassistenz an. Dazu gehören zum Beispiel BBRZ Österreich, pro mente O.Ö., Miteinander GmbH, Volkshilfe Basar GmbH usw. Viele dieser Organisationen haben sich auf eine Beeinträchtigungsart spezialisiert. Die rege Inanspruchnahme des Angebots der Arbeitsassistenz und der stetige Ausbau in den letzten 21 Jahren verweisen auf den Erfolg des Arbeitsassistenzangebotes. Im Jahr 2010 wurden für die Arbeitsassistenz österreichweit knapp 20 Millionen Euro aufgewendet. Der Aufwand ist somit seit 2002 um drei Viertel gestiegen. Die Anzahl der Klientinnen/Klienten hat sich im gleichen Zeitraum fast verdoppelt. Da die Arbeitsassistenz einerseits stets abhängig von den Geldern ihrer Fördergeber (Bundessozialamt, Landesregierung, Europäischer Sozialfond usw.) ist, andererseits vom Arbeitsmarkt beeinflusst wird, verändern sich die Möglichkeiten seit der Gründung kontinuierlich. Auch die Bedingungen und Spielräume der Arbeitsassistenzen variieren zwischen den Bundesländern und Trägerorganisationen erheblich (vgl. Pöschko, H., Meusburger, K. (2012): 20 Jahre Arbeitsassistenz Österreich: Forschungsbericht, http://bidok.uibk.ac.at/library/poeschko-arbeitsassistenz.html#idp9365344, Abfragedatum 26.02.2013).

Die Arbeitsassistenz ist eine allgemein zugängliche Dienstleistung, die Menschen mit Beeinträchtigungen freiwillig in Anspruch nehmen können. Die Arbeitsassistentin/der Arbeitsassistent unterstützt Menschen mit Beeinträchtigungen in ihrer beruflichen und sozialen Situation. In den Beratungsgesprächen, die möglichst individuell auf die Bedürfnisse der zu beratenden Person abgestimmt sein sollen, werden persönliche Neigungen, Interessen beziehungsweise Fähigkeiten geklärt. Das soziale Umfeld muss in diese Gespräche unbedingt mit einbezogen werden, da vor allem die Eltern maßgebliche Unterstützung leisten können, damit die Integration in den Arbeitsmarkt gelingt (vgl. Fasching, H. (2004b): Qualitätssicherung und ⁻Entwicklung in der beruflichen Integration, in: Vitkova, M., Pipekova, J. (Hrsg.) (2004): Sammelband zum Programm „Integrative Beratung für benachteiligte Personen am Arbeitsmarkt im Kontext der nationalen und europäischen Zusammenarbeit", http://www.eduhi.at/dl/Fasching_2004_Qualitatssicherung.pdf, Abfragedatum 09.01.2014). Die individuellen Beratungsgespräche können in vier Phasen eingeteilt werden, die Fasching (2004b, 3f) folgendermaßen beschreibt:

Phase 1: Klärung der Ausgangssituation, Berufsorientierung und Fähigkeitenanalyse

In dieser Phase wird die Lebenssituation der zu betreuenden Person analysiert. Die Jugendliche/der Jugendliche wird in den Mittelpunkt gestellt und die Beraterin/der Berater fungiert als interessierte Person, die bemüht ist, die Lebens- und Problemsituation zu verstehen. Wichtig ist dabei herauszufinden, ob mit der Berufsberatung begonnen werden kann, oder ob zuerst anderen Problemen (zum Beispiel psychischer oder körperlicher Natur) Beachtung geschenkt werden muss. Gerade bei jugendlichen Klientinnen/Klienten ist eine Berufsberatung sehr wichtig, da sie meistens noch über keine berufliche Erfahrung verfügen. Außerdem sind die Arbeitsassistentinnen/Arbeitsassistenten mit oft sehr unrealistischen Erwartung bezüglich der Berufsvorstellungen der Jugendlichen konfrontiert. Diese Vorstellungen gehören be-sprochen und auf ein realistisches Maß gebracht. Dazu wird oft ein Fähigkeitenprofil erstellt, das die Selbsteinschätzung der Jugendlichen und Fremdeinschätzungen von Personen, die im Integrationsprozess beteiligt sind (Arbeitsassistenz, Eltern, Lehrer), beinhaltet. Dieses erstellte Profil soll Klarheit über die Fähigkeiten der Jugendlichen schaffen und Auskunft darüber geben, welche Arbeitsplätze mit diesen Eigenschaften in Frage kommen. Die Arbeitsassistenz ist in diesem Prozess stets bemüht, dass die Stärken und positiven Eigenschaften der Jugendlichen im Vordergrund stehen und das Hauptaugenmerk nicht auf die Defizite gerichtet ist.

Phase 2: Arbeitsplatzakquisition

In der Arbeitsassistenz hat sich die Strategie der bewerberorientierten Arbeitsplatz-akquisition bewährt. Das heißt, es werden nicht wahllos Betriebe für etwaige mögliche Bewerber akquiriert, sondern die Akquisition findet personenbezogen statt (vgl. Fasching, H. (2004b), 5). Da die Jugendlichen meist ein niedriges Bildungsniveau vorweisen, die Sozialkompetenzen oftmals gering ausgeprägt sind und körperliche und/oder psychische Probleme ihren Alltag bestimmen, ist eine intensive Zusammenarbeit vonseiten der Arbeitsassistenz zum akquirierten Betrieb vonnöten.

Am Ende der Arbeitsplatzakquisition findet das Bewerbungsgespräch statt. Bei diesem Gespräch ist die Arbeitgeberin/der Arbeitgeber, die Jugendliche/der Jugendliche und die Arbeitsassistentin/der Arbeitsassistent anwesend. Die Arbeitgeberin/der Arbeitgeber verschafft sich einen ersten Eindruck über die Bewerberin/den Bewerber, die Arbeitsassistentin/der Arbeitsassistent erfüllt die Rolle der Vermittlerin/des Vermittlers und ist dabei immer darauf bedacht, dass die Autonomie der Bewerberin/des Bewerbers gewahrt bleibt (vgl. Fasching, H. (2004b), 5).

Phase 3: Vorbereitung der Arbeitsaufnahme und betriebliche Qualifizierung

Das Modell der Arbeitsassistenz ist so konzipiert, dass die noch benötigten Qualifikationen der Jugendlichen möglichst am Arbeitsplatz erlernt werden und eine Integration rasch passieren kann. Die persönlichen Hilfestellungen werden vor Ort geleistet beziehungsweise benötigte Hilfsmittel zur Verfügung gestellt. Die Qualifizierung passiert direkt am Arbeitsplatz, sie ist somit sehr zielorientiert und praxisnah. In vielen Fällen wird vor der tatsächlichen Einstellung im Betrieb ein Praktikum absolviert. Dieses Praktikum ist in der Regel zeitlich auf vier Wochen begrenzt. Das Praktikum bietet mehrere Vorteile. Zum einen kann die Jugendliche/der Jugendliche die arbeitsplatzbezogenen Anforderungen am Arbeitsplatz trainieren, zum anderen lernen die zukünftigen Arbeitskolleginnen/Arbeitskollegen die Jugendliche/den Jugendlichen besser kennen und mögliche vorherrschende Vorurteile gegenüber Menschen mit Beeinträchtigungen können dadurch abgebaut werden. Im besten Fall findet die Arbeitsassistentin/der Arbeitsassistent eine betriebliche Ansprechperson, die die soziale Integration der Jugendlichen/des Jugendlichen unterstützt. Die Arbeitskolleginnen/ Arbeitskollegen werden über die Beeinträchtigungen der Jugendlichen/des Jugendlichen informiert und im Bedarfsfall instruiert, um bei bestimmten Notfällen (zum Beispiel epileptischer Anfall) richtig reagieren zu können. Die Arbeitsassistentin/der Arbeitsassistent steht während des Praktikums für die Jugendliche/ den Jugendlichen und für den Betrieb zu Verfügung. Sie/er hilft zum Beispiel beim Eintrainieren der erforderlichen Tätigkeiten und beim Adaptieren des Arbeitsplatzes. Außerdem kümmert sie/er sich um alle behördlichen Belange, die bei einer Integration von Menschen mit Beeinträchtigungen erforderlich sind (vgl. Fasching, H. (2004), 5-6).

Phase 4: Nachbetreuung

Nach gelungener Integration in den Arbeitsmarkt findet vonseiten der Arbeitsassistenz eine Nachbetreuung statt, um eine langfristige Integration zu gewährleisten. Diese sollte, wenn zum Beispiel eine Lehrausbildung absolviert wird, die gesamte Ausbildungzeit umfassen.

Die Arbeitsassistenz ist mit dem Betrieb und der Jugendlichen/dem Jugendlichen telefo-nisch in Kontakt und bei Bedarf trifft man sich. In der Praxis hat es sich bewährt, dass sie die alleinige Ansprechpartnerin für den Betrieb ist. Familiäre, schulische und andere institutionelle Belange werden bei der Arbeitsassistenz deponiert und es liegt im Ermessen der Arbeitsassistenz, welche dieser Informationen sinnvollerweise dem Betrieb übermittelt werden und welche nicht (vgl. Fasching, H. (2004), 6-7).

Die Jugendarbeitsassistenz verfolgt die gleichen Ziele wie die Arbeitsassistenz. Diese Dienstleistung wird für Jugendliche mit Behinderungen gefördert und von Fachkräften, die sich auf die Zielgruppe spezialisiert haben, durchgeführt. „Die Aufgaben der Arbeitsassistenz reichen von der gemeinsam mit den Jugendlichen vorgenommenen Situationsanalyse und Einschätzungen zu den individuellen beruflichen Möglichkeiten über die Begleitung der Arbeitssuche bis hin zu einer Unterstützung in der Anfangsphase des Dienstverhältnisses. Eine zweite zentrale Funktion der Arbeitsassistenz ist die Kriseninterventon zur Sicherung eines gefährdeten Arbeitsplatzes. Im Jahr 2012 gab es im Rahmen der Jugendarbeitsassistenz 4.872 Förderfälle (2.032 weiblich und 2.840 männlich)." (Bundes-ministerium für Arbeit, Soziales und Konsumentenschutz (2013): Jugend und Arbeit in Österreich, http://www.bmask.gv.at/cms/site/attachments/7/6/7/CH2124/CMS1249976411510/jugend_und_arb eit_2013_deutsch.pdf, Abfragedatum 08.01.2014)

4.4.3 Jobcoaching

Jobcoaching bietet für Jugendliche mit Beeinträchtigungen direkte und individuelle Unterstützung am Arbeitsmarkt. Oberstes Ziel dieser Institution ist „…die optimale und nachhaltige Inklusion von Menschen mit Behinderung […] im Berufsleben." (NEBA (2014c): Netzwerk Berufliche Assistenz: Jobcoaching, http://www.neba.at/downloads/jobcoaching.html, Abfragedatum 27.02.2014)

Beim Jobcoaching werden - ähnlich wie bei der Arbeitsassistenz - die fachlichen, kommunikativen und sozialen Fähigkeiten des Mitarbeiters mit Beeinträchtigungen gefördert, um die Anforderungen im Berufsalltag eigenverantwortlich und dauerhaft bewältigen zu können. Des Weiteren ist es die Aufgabe des Jobcoachings, die Mitar-beiterinnen/Mitarbeiter bezüglich der Bedürfnisse von beeinträchtigten Personen zu sensibilisieren (vgl. NEBA (2014c), 5).

Folgende Personen können die Leistungen des Jobcoachings in Anspruch nehmen:

- „Menschen mit Behinderung/Erkrankung und einem Behinderungsgrad von mindestens 50 % (Nachweis: zum Beispiel Bescheid über die Zugehörigkeit zum Kreis der begünstigten Behinderten nach dem Behinderteneinstellungsgesetz beziehungsweise nach den Behindertengesetzen der Länder)
- junge Männer und Frauen mit sonderpädagogischem Förderbedarf (Nachweis zum Beispiel Bezug der erhöhten Familienbeihilfe)
- Betriebe und Unternehmen, die diese Menschen beschäftigen beziehungsweise bereit sind, diese einzustellen." (NEBA (2014c), 6)

Folgende Dienste bietet Jobcoaching ihren Klientinnen/Klienten an:

- „Begleitung ab dem ersten Tag des Dienstverhältnisses für maximal 6 Monate
- Unterstützung bestimmte Tätigkeiten eigenverantwortlich zu bewältigen
- Unterstützung bei der Erlangung bestimmter Fähigkeiten, die für die Arbeit notwendig sind
- Unterstützung in der schwierigen Zeit der Einarbeitungs-/Umschulungsphase
- Unterstützung bei örtlicher und räumlicher Orientierung
- Hilfestellung bei organisatorischen Problemen
- Beratung in Krisen
- Vermittlung bei Konflikten und bestehenden Berührungsängsten
- Unterstützung bei der Stärkung der persönlichen Kommunikationsfähigkeit
- Unterstützung zu mehr Selbstständigkeit im Beruf

Angebot für Unternehmen/Betriebe:

- Information über eventuell nötige Hilfsmittel
- Information über Maßnahmen, die zu treffen sind, wenn Mitarbeiterinnen/Mitarbeiter mit Behinderung angestellt werden
- Aufklärung des Betriebes über das Leistungspotenzial der Zielgruppe
- Hilfestellung im Betrieb, um die langfristige und nachhaltige Inklusion und Gleichstellung von behinderten Menschen zu sichern
- Information über Förderungen und gesetzliche Rahmenbedingungen
- Sensibilisierung im Unternehmen." (NEBA (2014c), 8-9)

Abbildung 3: Grafische Darstellung des Aufgabengebietes von Jobcoaching

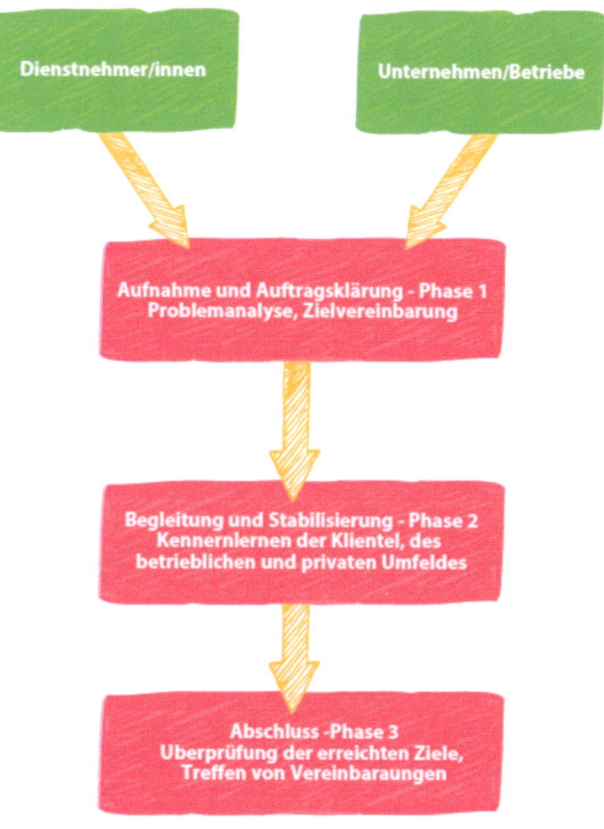

Quelle: NEBA (2014c), 13

Ein wesentlicher Unterschied zur Arbeitsassistenz besteht darin, dass das Angebot von Jobcoaching nicht die Akquirierung von Arbeitsplätzen mit einbezieht. „Der Begriff Job Coaching bezeichnet alle Maßnahmen, die zur Einarbeitung beziehungsweise Einschulung des Arbeitnehmers direkt am Arbeitsplatz dienen. Diese Unterstützung kommt also nach der Schule, nachdem ein Arbeitsverhältnis mit einer Firma oder mit einem Betrieb besteht." (Prochazkova, L. (2004): Begleitung und Beratung an der Schnittstelle Schule / Beruf in Österreich, in: Vitkova, M., Pipekova, J. (Hrsg.) (2004): Sammelband zum Programm „Integrative Beratung für benachteiligte Personen am Arbeitsmarkt im Kontext der nationalen und europäischen Zusammenarbeit", http://www.equalcr.cz/files/clanky/908/kniha3.pdf, Abfragedatum 28.02.2014)

4.4.4 Berufsausbildungsassistenz

Die Berufsausbildungsassistenz bietet vielfältige Unterstützungsmöglichkeiten für Jugendliche mit Vermittlungshindernissen. Sie entwickelt für den Betrieb und den Lehrling individuell abgestimmte Unterstützungsangebote, die die Jugendliche/den Jugendlichen dazu befähigen, eine Lehre oder eine Teilqualifizierung erfolgreich abzuschließen (vgl. NEBA (2014d): Netzwerk Berufliche Assistenz: Berufsausbildungsassistenz, http://www.neba.at/downloads/bas.html, Abfragedatum 28.02.2014).

Die Leistungen der Berufsausbildungsassistenz kann von Jugendlichen im Rahmen einer Integrativen Berufsausbildung in Anspruch nehmen, die entweder

- „am Ende der Pflichtschule sonderpädagogischen Förderbedarf hatten,
- keinen oder einen negativen Hauptschulabschluss aufweisen,
- eine Behinderung im Sinne des Behinderteneinstellungsgesetzes beziehungsweise des jeweiligen Landesbehindertengesetzes aufweisen, oder
- auf Grund der persönlichen Vermittlungshindernisse keine Lehrstelle fanden beziehungsweise die das Arbeitsmarktservice nicht in ein Lehrverhältnis vermitteln konnte." (NEBA (2014d), 6)

Um eine Integrative Berufsausbildung in Anspruch nehmen zu können, benötigt die Jugendliche/der Jugendliche vom Arbeitsmarktservice und Bundessozialamt eine Bestätigung zur Zielgruppenzugehörigkeit und über das Jugendcoaching muss eine Abklärung über die berufliche Entwicklungsmöglichkeit stattfinden. Die Jugendlichen können zwei Möglichkeiten der Integrativen Berufsausbildung in Anspruch nehmen. Sie können sich entweder für das Angebot einer verlängerten Lehre (um maximal zwei Jahre) oder für das Angebot einer Teilqualifizierung entscheiden. Bei der Teilqualifizierung wird genau definiert, welche Inhalte erlernt werden sollen und welcher zeitliche Rahmen dafür zur Verfügung gestellt wird. Auch der Besuch der Berufsschule ist bei der Teilqualifizierung vorgesehen. Bei der verlängerten Lehre ist der Besuch der Berufsschule verpflichtend (vgl. NEBA (2014d), 7).

Der Lehrstoff des jeweils zu erlernenden Lehrberufs wird in den Gegenständen, in denen die Lehrlinge der Integrativen Berufsausbildung (IBA) erfahrungsgemäß Lernschwierigkeiten haben, in eigenen IBA-Gruppen unterrichtet (vgl. Landesschulrat für Tirol (2003): Grundlagen der integrativen Berufsausbildung, http://tfbs.tsn.at/sites/tfbs.tsn.at/files/upload/grundlagen_der_iba.pdf, Abfragedatum 28.02.2014).

„Die Anzahl der IBA-Gruppen hängt von dem der Schule zur Verfügung stehenden Kontingent sowie den Personal- und Raumressourcen der Schule ab. Anstelle einer eigenen IBA-Gruppe kann eine zweite Lehrperson (Stützlehrer/in) eingesetzt werden. Je höher das der Schule zur Verfügung stehende Kontingent ist, desto höher ist die Anzahl der Gegenstände, für die eigene IBA-Gruppen gebildet beziehungsweise die Anzahl der Stützlehrer/innen, die für diese Gegenstände eingesetzt werden können." (Landesschulrat für Tirol (2003), 8) Auch Lehrlinge mit Teilqualifizierung können solchen Klassen zugewiesen werden.

Während der gesamten Ausbildungszeit werden die Jugendlichen von der Berufsausbildungsassistenz betreut, die auch regelmäßig in Kontakt mit dem Betrieb und der Berufsschule steht. Dadurch kann schnell auf auftretende Probleme reagiert werden. Weiters organisiert die Berufsausbildungsassistenz bei Bedarf unterstützende Lernmaßnahmen für die Jugendlichen, um den Lernerfolg in der Berufsschule sicherzustellen. Wenn die Jugendlichen am Ende ihrer Ausbildung angelangt sind, unterstützt die Berufsausbildungsassistenz sie bei der Vorbereitung auf die Lehrabschlussprüfung beziehungsweise Abschlussprüfung bei der Teillehre. Finanziert wird die Berufsausbildungsassistenz großteils vom Bundessozialamt und dem Arbeitsmarktservice (vgl. NEBA (2014d), 8).

Abbildung 4: Grafische Darstellung des Aufgabengebietes der Berufsausbildungsassistenz

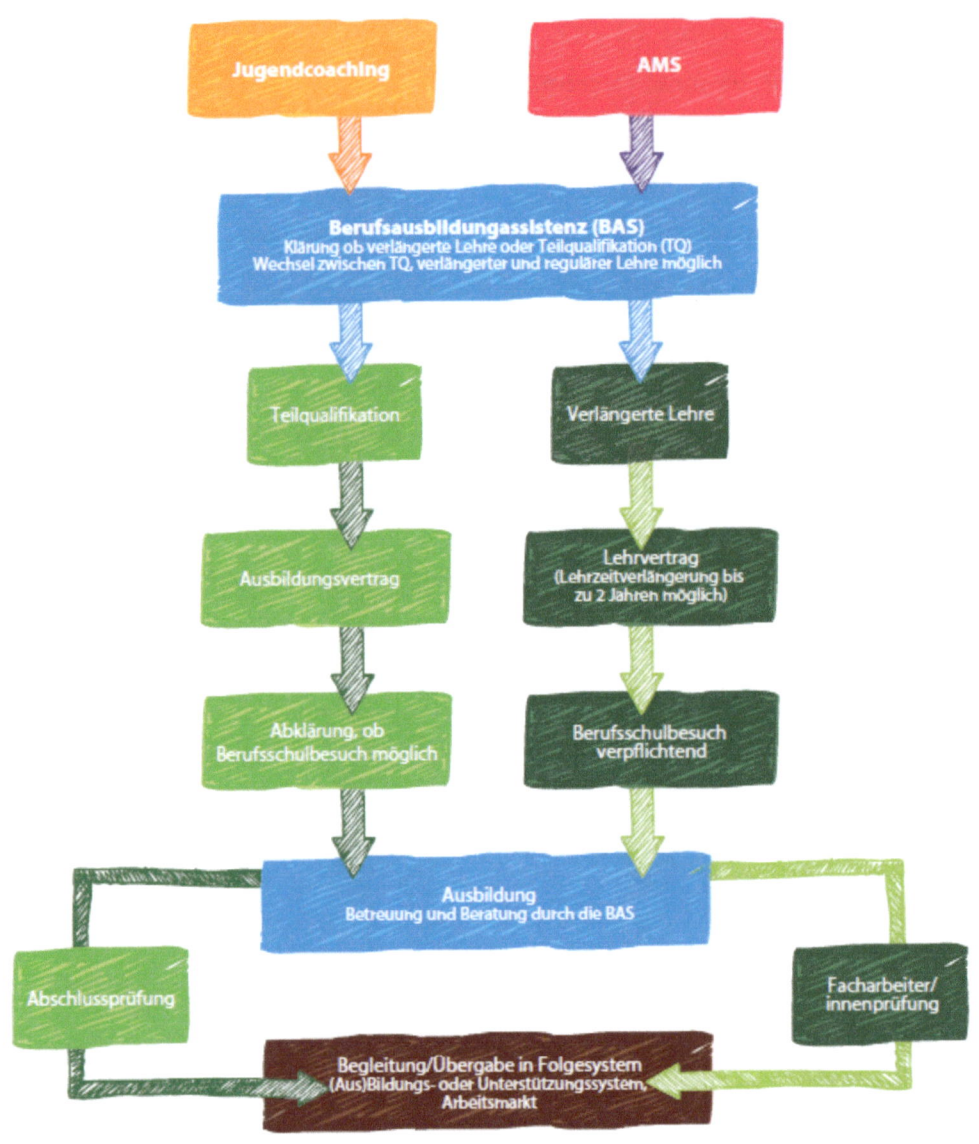

Quelle: NEBA (2014d), 9

4.4.5 Qualifizierungsmaßnahmen

Qualifizierungsmaßnahmen verfolgen das Ziel, dass sie jungen Menschen Fähigkeiten und Fertigkeiten vermitteln, die sie für eine erfolgreiche Integration in den Arbeitsmarkt benötigen. Bei den Qualifizierungsmaßnahmen ist zwischen Berufsvorbereitungs-, Nachreifungs- und Berufsbildungsprojekten zu differenzieren. Berufsvorbereitungs- und Nachreifungsprojekte konzentrieren sich darauf, den Jugendlichen allgemeine Normen und Regel des Arbeitslebens zu vermitteln oder ihre vorhandenen Defizite, die sie an einer Aufnahme in eine berufliche Qualifizierungsmaßnahme hindern, zu beheben. In den Bildungsprojekten wird den Jugendlichen die Chance geboten, spezifische Ausbildungskurse zu absolvieren (vgl. Fasching, H., Pinetz, P. (2008): Übergänge gestalten: Pädagogische Unterstützungsangebote für junge Frauen und Männer mit Sonderpädagogischem Förderbedarf ins Arbeitsleben - eine Herausforderung für das System der beruflichen Integration, Behinderte Menschen - Zeitschrift für gemeinsames Leben, Lernen und Arbeiten 5/2008, 37). Die Nachreifungs- und Berufsvorbereitungsprojekte dienen oftmals auch der Vorbereitung zum Einstieg in ein Qualifizierungsprojekt (vgl. Fasching H., Felkendorff, K. (2007): Österreich, in: Hollenweger, J., Hübner, P., Hasemann, K. (Hrsg.) (2007): Behinderungen beim Übergang von der Schule ins Erwerbsleben. Expertenbericht aus drei deutschsprachigen Ländern, Zürich, Verlag Pestalozzianum, 85).

5 Entscheidende Fördermaßnahmen zur beruflichen Integration von Jugendlichen mit Beeinträchtigungen an der Schnittstelle Schule‑Beruf aus Sicht der Expertinnen/Experten

5.1 Entscheidung über Art der Forschungsmethode

Im empirischen Teil dieser Arbeit interessiert mich vor allem, was die Expertinnen/ Experten zum Thema meiner Masterthesis zu sagen haben. Deshalb entschied ich mich für die Methode der qualitativen Forschung, da mir diese die Chance bietet, anhand von Interviews, die Expertinnen/Experten tatsächlich zu Wort kommen zu lassen, um so möglichst umfassende Informationen zu diesem Thema zu bekommen.

Die wesentlichen Prinzipien der qualitativen Forschung werden hier kurz erläutert:

* Offenheit:

  Die Explorationsfunktion wird bei der qualitativen Forschung mehr in den Mittelpunkt gerückt als bei der quantitativen Forschung. Diese bedient sich oft der Technik einer informationsreduzierenden Selektion (zum Beispiel bei hoch standardisierten Erhebungstechniken), die die Informationsbereitschaft der Befragten/des Befragten verringert. Die qualitative Forschung möchte dem entgegenwirken, um so auch unerwartete und instruktive Informationen zu erhalten (vgl. Lamnek, S. (2005): Qualitative Sozialforschung, 4. Auflage, Weinheim und Basel, Beltz, 21).

* Forschung als Kommunikation:

  Der qualitative Ansatz stellt den Anspruch, dass die Forschung als Kommunikation zu denken ist. Das heißt, dass der Kommunikation im Gegensatz zum quantitativen Ansatz mehr Raum gegeben wird. Vor allen die Kommunikation beziehungsweise Interaktion zwischen der Forscherin/dem Forscher und der Interviewten/dem Interviewten stellt einen wesentlichen Bestandteil der qualitativen Forschung dar. Diese versteht den Einfluss der Interaktionsbeziehung nicht als Störgröße, sondern als einen konstruktiven Bestandteil des Forschungsprozesses (vgl. Lamnek, S. (2005), 22).

- Prozesscharakter:

In der qualitativen Forschung wird der Forschungsprozess als Kommunikationsprozess verstanden, sie betrachtet dabei die Verhaltensweisen und Aussagen der Befragten als prozesshafte Ausschnitte der Reproduktion und Konstruktion sozialer Realität. Dabei gelten der Forschungsgegenstand und der Akt des Forschens selbst als prozesshaft. Die Miteinbeziehung der Forscherin/des Forschers ist grundlegender Bestandteil des Forschungsprozesses (vgl. Lamnek, S. (2005), 23).

- Reflexivität:

Die qualitative Forschung ist in Gegenstand und Analyse reflexiv, da sie Bedeutungen von Verhaltensprodukten sprachlicher (zum Beispiel Symbole, Deutungen) und non-verbaler (Gestik, Haltungen) Natur Reflexivität unterstellt. Jede Bedeutung ist somit kontextgebunden und das Handeln beziehungsweise die Sprache wird nur durch den Rekurs auf den Kontext verständlich (vgl. Lamnek, S. (2005), 24).

- Explikation:

Die Explikation dient der Nachvollziehbarkeit der Interpretationen. Dabei werden zum Beispiel die Einzelschritte des Untersuchungsprozesses möglichst offengelegt und explizit dargestellt (vgl. Lamnek, S. (2005), 24). „Das Prinzip der Explikation ist eher als Forderung, nicht als real praktiziertes Vorgehen in der [...] Forschung zu verstehen." (Lamnek, S. (2005), 24)

- Flexibilität:

Die qualitative Forschung verlangt während des gesamten Forschungsprozesses Flexibilität in Bezug auf die allgemeine Situation, die Interaktion zwischen den Kommunikationspartnern, auf die Anpassung auf veränderte Bedingungen und auf das Einarbeiten beziehungsweise Ergänzen erzielter Erkenntnisse in die Forschung (vgl. Kleining, G. (1982): Umriss zu einer Methodologie qualitativer Sozialforschung, in: Kölner Zeitschrift für Soziologie und Sozialpsychologie, 34/1982, 224-253).

5.1.1 Formen des qualitativen Interviews

Der Begriff des qualitativen Interviews umfasst eine Vielzahl an qualitativen Erhebungs-methoden, die sich oft sehr ähnlich sind. In der Literatur herrscht deshalb auch eine gewisse Begriffsunschärfe der gebrauchten Bezeichnungen für qualitative Interviews vor (vgl. Lamnek, S. (2005), 356).

So findet man in der Fachliteratur Begriffe wie (vgl. Lamnek, S. (2005), 356):

- Narratives Interview
- Problemzentriertes Interview
- Tiefen- oder Intensivinterview
- Offenes Interview
- Rezeptives Interview
- Experteninterview
- Zentriertes Interview
- Unstrukturiertes, strukturiertes und teilstrukturiertes Interview
- Fokussiertes Interview

Diese Liste könnte man noch um einige weitere Begriffe erweitern. In weiterer Folge beschränkt sich diese Arbeit auf die Beschreibung der gewählten Erhebungsmethode.

Vorab noch eine Grafik, die sehr anschaulich die Begriffsbestimmungen qualitativ orientierter Interviews darstellt.

Tabelle 4: Begriffsbestimmung qualitativ orientierter Interviewformen:

Offenes (vs. geschlossenes) Interview	bezieht sich auf die Freiheitsgrade des **Befragten**	Er kann frei antworten, ohne Antwortvorgaben, kann das formulieren, was ihm in Bezug auf das Thema bedeutsam ist.
Unstrukturiertes (vs. strukturiertes) bzw. **unstandardi-siertes** (vs. standar-disiertes) Interview	bezieht sich auf die Freiheitsgrade des **Interviewers**	Er hat keinen starren Fragenkatalog, er kann Fragen und Themen je nach Interviewsituation frei formulieren.
Qualitatives (vs. quantitatives) Interview	bezieht sich auf die **Auswertung** des Interviewmaterials	Die Auswertung ge-schieht mit qualitativ-in-terpretativen Techniken.

Quelle: Mayring, P. (2002), 66

5.1.2 Das problemzentrierte Interview

Unter dem Begriff werden alle Formen der offenen, halbstrukturierten Befragung zusammengefasst. Offen heißt, dass die Befragte/der Befragte sich möglichst frei äußern darf und mitteilen darf, was ihr/ihm zu diesem Thema wichtig erscheint. Zentriert meint, dass die Befragung jedoch auf ein bestimmtes Problem abzielt, auf das die Interviewerin/der Interviewer immer wieder zurückkommt (vgl. Mayring, P. (2002): Einführung in die qualitative Sozialforschung, Weinheim und Basel, Beltz, 67). Teilstrukturiert nennt man diese Form der Befragung, weil es sich um ein Gespräch handelt, das aufgrund vorbereiteter Fragen stattfindet, wobei die Reihenfolge der Fragen offen beziehungsweise beliebig ist. Als Grundlage für die Befragung benützt man einen Gesprächsleitfaden. Es besteht jedoch die Möglichkeit, dass man auf Themen, die sich aus dem Gespräch ergeben eingeht und sie so ins Interview mit einbezieht (vgl. Atteslander, P. (2008): Methoden der empirischen Sozialforschung, 12. Auflage, Berlin, Erich Schmidt, 125).

Offenheit ist ein wesentliches Merkmal des problemzentrierten Interviews. Wie schon vorab erwähnt, kann die Interviewte/der Interviewte frei antworten und wird nicht von vorgegebenen Antwortalternativen eingeengt. Das bringt folgende Vorteile mit sich (vgl. Mayring, P. (2002), 68):

- Man kann überprüfen, ob die Interviewte/der Interviewte die Fragen verstanden hat.
- Die Interviewte/der Interviewte kann ihre/seine persönliche Meinung zum Thema verbalisieren.
- Die Interviewte/der Interviewte kann selbst größere kognitive Strukturen und Zusammenhänge in der Befragung entwickeln.

In diesen Interviews geben die Befragten einiges von sich preis. Deshalb ist es ganz wichtig, dass sich die Befragten ernst genommen und nicht ausgehorcht fühlen. Wenn sie sich wohl fühlen und Vertrauen zur Interviewerin/zum Interviewer aufgebaut werden kann, dann sind diese Gespräche in der Regel auch ehrlicher, reflektierter und genauer als ein Fragebogen oder eine geschlossene Umfragetechnik (vgl. Mayring, P. (2002), 69).

Beim problemzentrierten Interview hat sich die Forscherin/der Forscher im Vorfeld schon ein theoretisches Konzept erarbeitet, das heißt sie/er befasste sich vor den Interviews mit der Problematik und erstellte dazu Hypothesen, die dann durch das Interview laufend modifiziert und auch geprüft werden. Wichtig dabei ist, dass man die Befragten nicht vorab mit den Hypothesen konfrontiert, sodass eine suggestive Beeinflussung ausgeschlossen werden kann.

Der theoretische und der empirische Teil gehen somit Hand in Hand (vgl. Lamnek, S. (2005), 368).

Das Interview besteht im Wesentlichen aus drei Teilen (vgl. Mayring, P. (2002), 70):

- Sondierungsfragen:
Dabei soll geklärt werden, ob das Thema für die Befragte/den Befragten überhaupt wichtig ist.

- Leitfragen:
Sind diejenigen Fragen, die als wesentlichste Fragen im Interviewleitfaden festgehalten sind.

- Ad-hoc-Fragen:
Damit meint man Fragen, die sich aus dem Gespräch ergeben und bedeutsam sind um den Gesprächsfaden zu erhalten.

Die Sondierungsfragen wurden im verwendeten Leitfaden nicht berücksichtigt, da die Interviews mit Expertinnen geführt wurden, die mit diesem Thema berufsbedingt konfrontiert sind und daher umfassende Erfahrung haben.

Ich habe mich für das problemzentrierte Interview entschieden, weil es mir ermöglicht, dass die Expertinnen/Experten ihre Meinung beziehungsweise Anschauung zur gestellten Thematik frei und offen schildern können und ich durch die teilweise Standardisierung durch den Leitfaden die Möglichkeit habe, die einzelnen Interviews leichter miteinander zu vergleichen um Kategorien zu bilden.

Die nachfolgende Tabelle zeigt die verschiedenen Formen qualitativer Interviews und deren Unterschiede und Überschneidungen sehr anschaulich.

Tabelle 5: Formen qualitativer Interviews:

Methodologische Prämissen	Formen des Interviews					
	Narratives Interview	Episodisches Interview	Problemzentriertes Interview	Fokussiertes Interview	Tiefeninterview	Rezeptives Interview
Offenheit Kommunikation	völlig erzählend	weitgehend erzählend/zielorientiert fragend	weitgehend zielorientiert fragend	nur bedingt Leitfaden	kaum fragend/erzählend	völlig erzählend/beobachtend
Prozesshaftigkeit	gegeben	gegeben	gegeben	nur bedingt	gegeben	gegeben
Flexibilität	hoch	relativ hoch	relativ hoch	relativ gering	relativ hoch	hoch
Explikation	ja	ja	ja	ja	ja	bedingt
Theoretische Voraussetzungen	relativ ohne Konzept	Konzept vorhanden	Konzept vorhanden	weitgehendes Konzept	Konzept vorhanden	relativ ohne Konzept; nur Vorverständnis
Hypothesen	Generierung	Generierung; Prüfung	Generierung; Prüfung	eher Prüfung; auch Generierung	eher Prüfung auch Generierung	Generierung Prüfung
Perspektive der Befragten	gegeben	gegeben	gegeben	bedingt	bedingt	absolut

Quelle: Lamnek, S. (2005), 8

5.2 Erstellung des Interviewleitfadens

Zum Zeitpunkt der Erstellung des Interviewleitfadens standen das Thema und die Fragestellungen, auf die sich die Master Thesis beziehen soll, fest. In der Auseinandersetzung mit dieser Thematik kristallisierten sich Bereiche beziehungsweise Schwerpunkte heraus, anhand derer versucht wurde, Fragen zu formulieren. In weiterer Folge wurden diese konkretisiert und den einzelnen Themenschwerpunkten, die hier im Anschluss aufgelistet werden, zugeordnet. Mithilfe der ausgearbeiteten Themen und den dazugehörenden Fragen wurde der Interviewleitfaden entwickelt.

Der Interviewleitfaden enthält folgende Themenschwerpunkte:

- Fragen zum Übergangsprozess Schule ‑ Beruf
- Fragen zur Zusammenarbeit der beteiligten Organisationen und Einrichtungen
- Fragen zur klientenzentrierten Arbeit
- Probleme der Jugendlichen in diesem Übergangsprozess
- Fragen zu den Fördermaßnahmen

- Angebote Fördermaßnahmen
- Weitere wünschenswerte Fördermaßnahmen
- Fragen zum persönlichen Unterstützerkreis
- Unterstützung im Integrationsprozess durch die Familie
- Fragen zum zeitlichen Rahmen

5.3 Durchführung der Interviews

Vor Beginn des Interviews wurde das Thema und der Zweck des Interviews erklärt. Weiters wurde darauf hingewiesen, dass das Interview auf Tonband aufgenommen wird, um es später transkribieren zu können. Die Befragten werden in der schriftlichen Ausarbeitung nicht namentlich genannt, sie werden anonymisiert. Das Interview beginnt mit einem Kurzfragebogen. Dies ermöglicht der Befragten/dem Befragten einen sanften Einstieg ins Thema. Anschließend folgt das Interview anhand des vorab erstellten Leitfadens.

Den Interviewstil schätze ich als weich ein, da ich versuchte durch Gestik (zum Beispiel durch Nicken mit dem Kopf) und Mimik (zum Beispiel durch Lächeln) den Befragten gegenüber Einfühlungsvermögen und Verständnis entgegenzubringen. „Weich ist ein Interview, wenn der Interviewer versucht, ein Vertrauensverhältnis zum Befragten zu entwickeln, indem er der Person des Befragten und nicht den Antworten seine Sympathie demonstriert." (Grunow, D. (1978): Stichworte, in: Fuchs, W., Klima, R., Lautmann, R., Wienold, H. (1978): Lexikon zur Soziologie, Opladen, Westdeutscher Verlag, 786).

Durch das Senden dieser positiven Signale und den Aufbau eines Vertrauensverhältnisses konnte eine lockere und offene Atmosphäre geschaffen werden. Durch diesen Umstand konnte man von den Befragten viele Informationen erhalten, ohne sie zu beeinflussen. Auch wenn keine allzu vertraulichen Themen angesprochen wurden, ist es wichtig, dass sich die Befragten wohl und ernst genommen fühlen, sodass etwaige noch bestehende Hemmungen und Zurückhaltungen abgebaut werden können.

Nach Durchführung der Interviews wurden diese transkribiert. Darunter versteht man das Niederschreiben der erhaltenen Informationen aus den Interviews (vgl. Mayring, P. (2002), 89). Dafür wurde die wörtliche Transkription, das heißt, dass die gesamten erhobenen Informationen niedergeschrieben werden, gewählt. Der Dialekt, der Befragten wurde in normales Schriftdeutsch übertragen, Fehler im Satzbau wurden behoben, auf Füllwörter wurde verzichtet und der Stil wurde geglättet. Gerade wenn die inhaltlich-thematische Ebene im Vordergrund steht, ist diese Vorgehensweise üblich (vgl. Mayring, P. (2002), 91).

5.4 Interviewpartnerinnen/Interviewpartner

Bevor mit der Auswertung der Daten begonnen wird, soll noch kurz ein Überblick über die Interviewpartnerinnen/Interviewpartner gegeben werden. Alle befragten Personen arbeiten an der Schnittstelle Schule‑Beruf und sind für die Beratung, Begleitung und Weitervermittlung für Jugendliche mit Beeinträchtigungen an dieser Schnittstelle zuständig. Insgesamt wurden acht Expertinnen/Experten interviewt. Namen und Angaben zum Dienstgeber wurden aus Gründen der Wahrung der Anonymität nicht preisgegeben. Die Daten entstammen dem Kurzfragebogen.

Tabelle 6: Darstellung der Interviewpartnerinnen/Interviewpartner

Befragte/ Befragter	Ge-schlecht	Arbeits-feld	Anzahl der zu betreu-enden Jugend-lichen	Anteil Mäd-chen in %	Anteil Bur-schen in %	Anteil mit Migrations-hintergrund in %	Betreu-ungs-dauer
B1	m	Outplacement	45	60%	40%	30%	2 Jahre
B2	m	Jugendcoa-ching	35	40%	60%	20%	4 Monate bis 1 Jahr
B3	m	Arbeitsassis-tenz	25	33%	67%	67%	3 Monate bis 1 Jahr
B4	w	Outplacement	50	60%	40%	15%	2 Jahre
B5	m	Jugendcoa-ching	28	33%	67%	85%	4 Monate bis 1 Jahr
B6	w	Outplacement	82	40%	60%	8%	k. A.
B7	m	Jugendcoaching	30	40%	60%	15%	bis 1 Jahr
B8	w	Jugendcoaching	25	60%	40%	80%	6 Monate bis 1 Jahr

5.5 Auswertung der Daten

Für die Auswertung der Daten wurde die qualitative Inhaltsanalyse gewählt. Dazu wurden die Daten von acht Interviews, die mit Expertinnen/Experter durchgeführt wurden, ausgewertet. Der Grundgedanke der qualitativen Inhaltsanalyse lautet folgendermaßen: „Qualitative Inhaltsanalyse will Texte systematisch analysieren, indem sie das Material schrittweise mit theoriegeleitet am Material entwickelten Kategoriensystemen bearbeitet." (Mayring, P. (2002), 114) Die Bildung von Kategorien ist auch ein wesentlicher Prozess der Grounded Theory.

Als Grundformen qualitativer Inhaltsanalyse sind die Zusammenfassung, die Explikation und die Strukturierung zu nennen (vgl. Mayring, P. (2002), 115):

- Zusammenfassung:
  Darunter versteht man die Reduzierung des Materials, um die Überschaubarkeit besser zu gewährleisten. Die wesentlichen Inhalte müssen jedoch erhalten bleiben.

- Explikation:
  Dabei wird zusätzliches Datenmaterial integriert, um die Verständlichkeit zentraler Aussagen zu erhöhen beziehungsweise um gewisse Textstellen besser erläutern zu können.

- Strukturierung:
  Ziel ist es, eine Struktur des Datenmaterials zu finden, gewisse Aspekte aus dem Material herauszufiltern beziehungsweise das Material auf Grund bestimmter Kriterien einzuschätzen.

Folgendes Verfahren hat sich bei der Analyse der Daten bewährt (vgl. Mayring, P. (2002), 118-119):

- Definition der Kategorien:
  Jede einzelne Kategorie wird explizit definiert, Überschneidungen mit anderen Kategorien sollen dabei vermieden werden.

- Ankerbeispiele:

  Passende Textstellen werden zu den einzelnen Kategorien zugeordnet. Diese Beispiele haben eine prototypische Funktion für alle weiteren passenden Textstellen.

- Subsumption:

  Weitere passende Textstellen werden den einzelnen Kategorien zugeordnet.

- Weitere Kategorienformulierung beziehungsweise Überarbeitung der Kategorien:

  Es muss überprüft werden, ob die einzelnen Kategorien logisch aufgebaut sind und es keine Überlappungen gibt.

- Interpretation:

  Das gesammelte Kategoriensystem wird abschließend interpretiert. Es kann in Bezug auf die dahinterliegende Theorie beziehungsweise auf die vorab aufgestellten Hypothesen interpretiert werden. Auch eine quantitative Auswertung ist möglich. Es kann zum Beispiel untersucht werden, welche Kategorien am häufigsten vorkommen.

6 Darstellung der Ergebnisse - Kategorienbildung

In diesem Kapitel werden die aus den Interviews erhobenen Daten dargestellt. Dazu werden die gewonnenen Daten einzelnen Kategorien zugeordnet, die zu Beginn der Darstellung erläutert werden. Zitate der einzelnen Interviewpartnerinnen/Interviewpartner und eine Grafik, die die jeweilige Darstellung verdeutlichen soll, bilden den Abschluss.

6.1 Zusammenarbeit

Die Kategorie „Zusammenarbeit" beschäftigt sich mit dem Thema der Vernetzung der einzelnen an der Schnittstelle Schule - Beruf angesiedelten Projekte beziehungsweise Institutionen. Die Kategorie wurde in drei Unterkategorien geteilt, nämlich in „Zusammenarbeit mit Schulen", „Zusammenarbeit mit Projekten und Firmen" sowie „Verbesserungsvorschläge". Diese Unterkategorien kristallisierten sich nach Durchsicht des Interviewmaterials heraus, da die Zusammenarbeit mit Schulen sich wesentlich anders darstellt, als die Zusammenarbeit mit anderen an der Schnittstelle angesiedelten Projekten.

In der Unterkategorie „Zusammenarbeit mit Schulen" werden alle Aussagen zusammengefasst, welche in den Interviews hinsichtlich der Zusammenarbeit mit Schulen gemacht wurden.

Die Aussagen variieren sehr. Von den acht interviewten Personen gaben vier an, dass die Zusammenarbeit prinzipiell sehr gut funktioniert. Drei sagten aus, dass sie entweder sehr wenig Zusammenarbeit mit Schulen haben oder die Zusammenarbeit nicht gut funktioniert und eine Person sagte aus, dass die Zusammenarbeit grundsätzlich in Ordnung sei und mit den Schulen, mit denen er/sie viel in Kontakt steht, besser funktioniert. Eine interviewte Person meinte, dass die Lehrpersonen die Schülerinnen und Schüler auf den Übergangsprozess wenig realistisch vorbereiten und die Wissensvermittlung im Vordergrund steht. Zwei Befragte gaben an, dass die Lehrerinnen/Lehrer froh sind, dass sie an die Schule kommen und die Jugendlichen beim Übergang in eine nächste Maßnahme oder Schule unterstützen. Weiters sagten zwei Interviewte, dass öfters ein Informationsmangel seitens der Lehrer vorhanden ist. Das begründeten die Interviewten damit, dass die Projekte wie Jugendcoaching noch sehr neu sind und dass die Lehrer, die in der achten Schulstufe mit ihnen zusammenarbeiten immer wieder wechseln, da sie jedes Jahr eine andere Schulstufe als Klassenvorstand begleiten. Sie bemerken jedoch, dass das Jugendcoaching auch an Schulen immer mehr Lehrern bekannt ist und dass der

Informationsaustausch immer besser funktioniert. gab an, dass die Qualität der Zusammenarbeit stark von der Direktion abhängt. Eine Interviewte/ein Interviewter gab an, dass sie/er vermehrt an der Schule präsent ist, um die Zusammenarbeit zu fördern. Weiters sagte eine Person, dass die Schulen von dem Angebot der unterschiedlichen Trägerschaften überfordert wären und dieses nur schwer überblicken. Eine Interviewpartnerin/ein Interviewpartner meinte, dass die Lehrerinnen/Lehrer zu wenig Zeit für Gespräche hätten und dass es hilfreich wäre, wenn mehr Zeit zur Verfügung stände, um genauer erklären zu können, was man anbietet, was man tut.

„Die Zusammenarbeit funktioniert im Grunde ganz gut. Die Schulen sind froh, dass sie jemanden haben, der die Jugendlichen beim Übergang in eine nächste Maßnahme beziehungsweise in die Arbeitswelt unterstützt. Es fällt mir jedoch auf, dass die Schulen sehr wenig informiert sind über diverse Projekte, die an der Schnittstelle angeboten werden, aber auch über das Jugendcoaching. Das hängt natürlich auch damit zusammen, dass das Jugendcoaching relativ neu ist. Wir arbeiten in erster Linie mit den Direktoren und den Klassenvorständen der vierten Klassen zusammen. Die Klassenvorstände gehören jedes Jahr neu über das Jugendcoaching informiert, da es sich dabei immer wieder um andere Lehrer handelt" (Interview V, Seite 2, Zeile 5-13).

„Also seitens der Lehrer passiert jetzt de facto bis auf die drei oder zwei Fälle gar nichts, weil alles über das Jugendcoaching läuft. Es ist sogar so, dass die Lehrer an den Schnuppertagen auch die Aufgabe hätten, die Praktikumsstelle aufzusuchen, die kann man auch wieder zählen und das sind auch wieder dieselben Lehrer. Die anderen kommen nicht" (Interview I, Seite 2, Zeile 9-13).

„Die Schulen sind grundsätzlich genug informiert, ich glaube eher, dass sie überfordert sind, mit zu vielen Angeboten von verschiedenen Trägern" (Interview III, Seite 3, Zeile 42-43).

Die untenstehende Grafik gibt die Häufigkeit der Textstellen der jeweiligen Kategorie an.

Grafik 1: Zusammenarbeit mit Schulen (n=8)

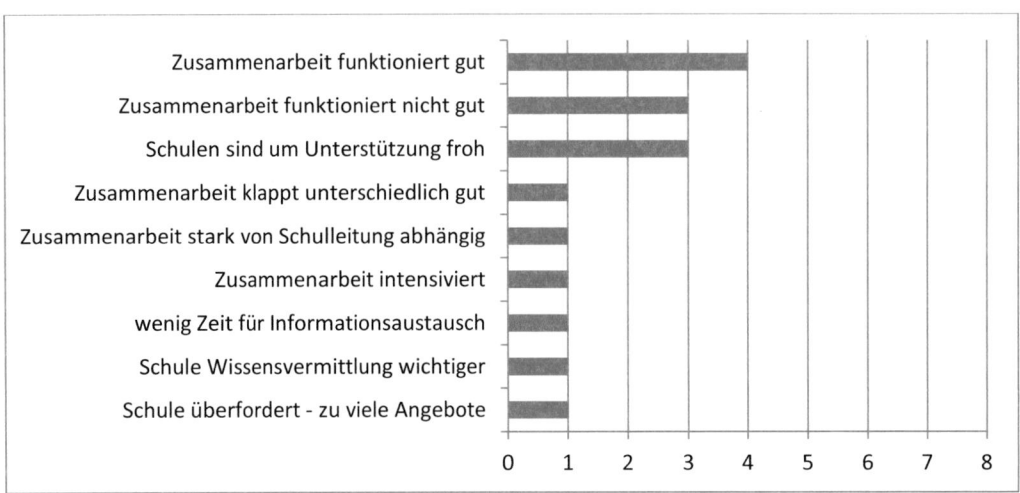

Quelle: eigene Darstellung

Die Unterkategorie **„Zusammenarbeit mit Projekten und Firmen"** umfasst alle Äußerungen der Interviewten zum Thema Vernetzung mit den unterschiedlichsten Vereinen, Träger- organisationen und Firmen an der Schnittstelle Schule – Beruf.

Aus den Interviews geht hervor, dass sieben Befragte eine Zusammenarbeit mit anderen Projekten und Firmen als sehr wichtig erachten. Die Gründe dafür sind unterschiedlich. Einerseits ergänzen sich die Projekte in ihren Angeboten, andererseits vermitteln sie sich auch gegenseitig Klientinnen und Klienten. Eine interviewte Person meinte, dass die Zusammen- arbeit wichtig sei, damit keine Jugendliche/kein Jugendlicher durch den Rost falle. Vier interviewte Personen gaben an, dass die Zusammenarbeit mit anderen Projekten und Firmen gut funktioniert, drei merkten an, dass der gegenseitige Austausch zum Beispiel bei soge- nannten Vernetzungstreffen stattfindet. Ein weiterer Parameter der zeigt, dass die Vernet- zungsarbeit funktioniert, ist die hohe Vermittlungsquote. Auch die Firmen seien offener geworden und eher bereit, einem Lehrling eine Teillehre zu ermöglichen, meinte eine Interviewperson. Ab und zu gäbe es unter den Projekten Abstimmungsprobleme, wer für welche Aufgaben zuständig sei. Dies bräuchte noch Zeit, meinte ein Interviewpartner.

„Die Zusammenarbeit klappt wirklich gut. Mein Eindruck jedoch ist, dass es noch Abstimmungsprobleme gibt. Ich bin davon überzeugt, dass das im nächsten Jahr, im zweiten Jahr des Projektes, schon wesentlich besser laufen wird" (Interview VII, Seite 2, Zeile 29-31).

„Die Zusammenarbeit mit diversen anderen Einrichtungen erachte ich als sehr wichtig, da wir uns gegenseitig ergänzen" (Interview V, Seite 2, Zeile 21-22).

„Es gibt eine hohe Vermittlungsquote, also demnach funktioniert es auch mit den Firmen ganz gut. Ich merke es auch jetzt, dass die Firmen vermehrt bereit sind, sich jetzt auch auf eine verlängerte Lehre oder eine Teil-Lehre einzulassen, was vor Jahren kein Thema war." (Interview I, Seite 2-3, Zeile 33-36).

Die untenstehende Grafik gibt die Häufigkeit der Textstellen der jeweiligen Kategorie an:

Grafik 2: Zusammenarbeit mit Projekten und Firmen (n=8)

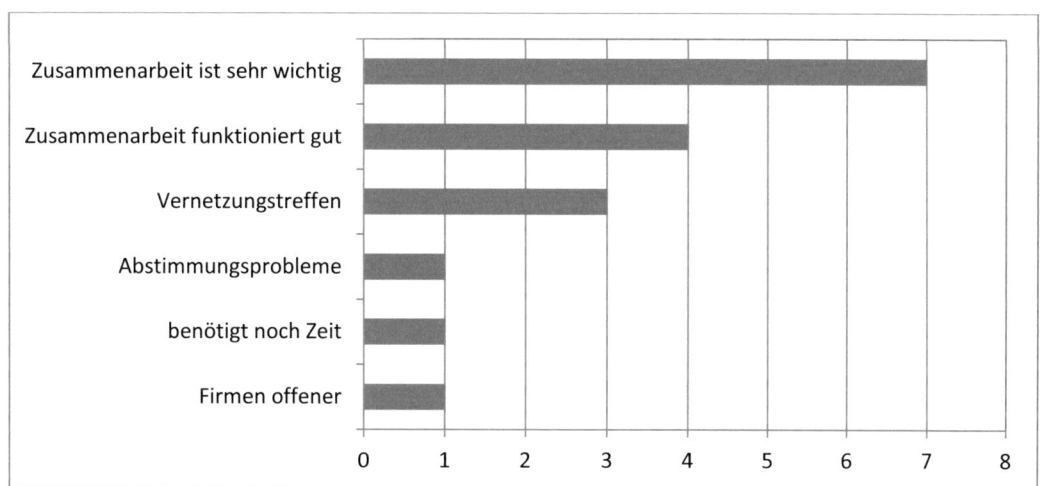

Quelle: eigene Darstellung

Die Unterkategorie **„Verbesserungsvorschläge"** beinhaltet alle Aussagen der Interviewpartnerinnen/der Interviewpartner, die ihrer Meinung nach dazu beitragen, die Zusammenarbeit an der Schnittstelle Schule ‑ Beruf zu verbessern.

Von den acht interviewten Personen gaben sieben an, dass das ganze System transparenter und klarer strukturiert gehört. Projekte von unterschiedlichen Trägern bieten oft sehr ähnliche Inhalte für ihre Klientinnen/ihre Klienten an. Dadurch entstehen teilweise Doppelgleisigkeiten, die nicht notwendig wären. Für außenstehende Personen wie zum Beispiel Eltern, Lehrer oder betroffene Jugendliche ist die Fülle an Angeboten nicht überschaubar. Drei Interviewpartner/Interviewpartnerinnen meinten, dass es zu viele Projekte gibt, die an der Schnittstelle Schule ‑ Beruf tätig sind. Als Verbesserungsvorschlag kam von einer interviewten Person, dass eine Homepage sinnvoll wäre, wo alle Informationen zusammenlaufen, eine andere meinte, dass generell die Zusammenarbeit zwischen den einzelnen Projekten noch verbessert werden sollte. Drei sind der Meinung, dass die Projektvielfalt minimiert gehöre, das schaffe wiederum Transparenz und Klarheit.

„Ich finde einfach, es sind zu viele Projekte. Ich habe gestern kurz mit Herrn T. darüber gesprochen, er hat auch gesagt, es ist zu wenig transparent. Ja, zum einen wünscht man sich, dass es für den Jugendlichen und für die Eltern durchsichtig ist, dass sie wissen, an wen sie sich wenden können. Und dann werden sie von einem zum andern gereicht" (Interview III, Seite 3, Zeile 59-63).

„Es gibt einen, könnte man fast sagen, einen „Dschungel" an Unterstützungsmöglichkeiten" (Interview II, Seite 5, Zeile 109-110).

„Natürlich würde ich mir auch mehr Klarheit und Transparenz wünschen" (Interview VII, Seite 3, Zeile 50).

Die untenstehende Grafik gibt die Häufigkeit der Textstellen der jeweiligen Kategorie an:

Grafik 3: Verbesserungsvorschläge (n=8)

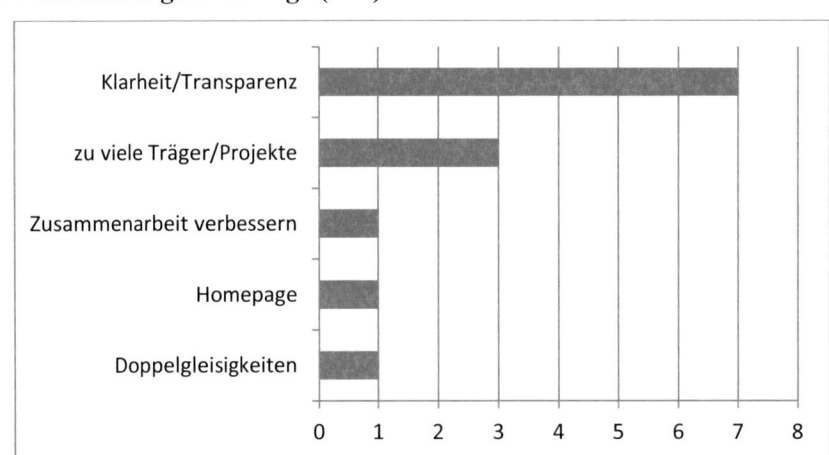

Quelle: eigene Darstellung

6.2 Übergangsprozess

Die Kategorie „**Übergangsprozess**" beinhaltet alle Aussagen der Interviewpartnerinnen/der Interviewpartner zu ihren Erfahrungen mit den zu betreuenden Jugendlichen an der Schnittstelle Schule-Beruf mit Augenmerk auf die Themen, Probleme und Unterschiede im Integrationsprozess, mit denen die Jugendlichen konfrontiert werden. Daraus ergaben sich folgende Unterkategorien: „**Themen der Jugendlichen**", „**Probleme der Jugendlichen**" und „**Unterschiede im Integrationsprozess**".

Die Unterkategorie „**Themen der Jugendlichen**" beschäftigt sich mit den Themen, mit denen sich die Jugendlichen an der Schnittstelle Schule - Beruf auseinandersetzen.

Die Aussagen der interviewten Expertinnen/Experten zu diesem Thema sind sehr ähnlich. Alle acht interviewten Personen sagten, dass das Trainieren der sozialen Kompetenzen ein sehr wesentliches Thema sei. Vielen Jugendlichen mangelt es an grundlegenden Kenntnissen in diesem Bereich (pünktlich sein, grüßen usw.). Ein Experte, der im ländlichen Raum tätig ist, bejahte zwar die Wichtigkeit des sozialen Kompetenztrainings, meinte aber, dass seine zu betreuenden Jugendlichen wenige Defizite in diesem Bereich aufweisen. 7 Expertinnen/ Experten gaben an, dass die Berufsorientierung und auch das Bewerbungstraining in dieser Phase des Übergansprozesses ganz wichtig sind. Eine befragte Person fügte noch an, dass bei der Berufsorientierung das Augenmerk auf die Fähigkeiten und Stärken der Jugendlichen zu lenken ist.

„*Ja. Berufsorientierung ist das Thema, das ist ganz klar*" (Interview VI, Seite 6, Zeile 155).

„*Und das Thema Bewerbungstraining ist auch ganz wichtig*" (Interview II, Seite 5, Zeile 132-133).

„*Also, was wir in allen Bereichen machen, das ist eben das soziale Kompetenztraining. Was wir mit allen machen, was total wichtig ist, sind Arbeitshaltungen trainieren. Ja, pünktlich sein, grüßen, das können ganz viele nicht mehr! Ja, jemandem in die Augen schauen, Arbeitskleidung, wie gehe ich mit jemandem anderen um. Das sind oft die größeren Hindernisse*" (Interview IV, Seite 4, Zeile 69-73).

Die untenstehende Grafik gibt die Häufigkeit der Textstellen der jeweiligen Kategorie an:

Grafik 4: Themen der Jugendlichen (n=8)

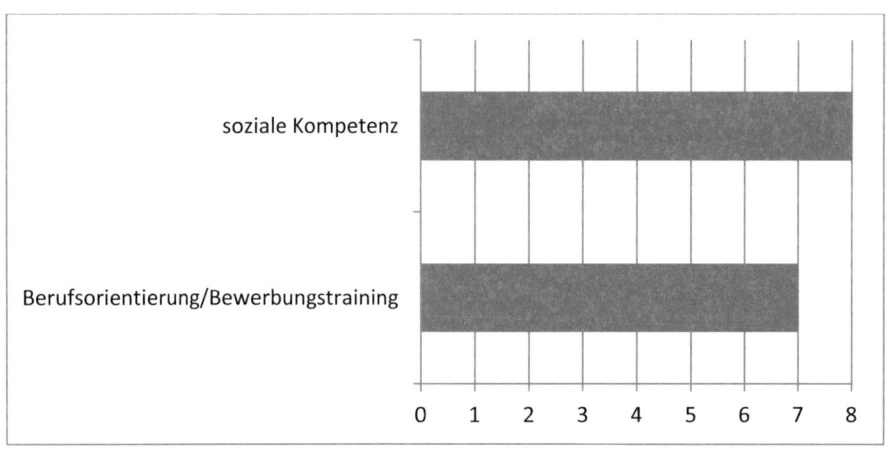

Quelle: eigene Darstellung

Die Unterkategorie **„Probleme der Jugendlichen"** enthält Aussagen der Interviewpartnerinnen/Interviewpartner bezüglich der Probleme, die bei Jugendlichen beim Integrationsprozess immer wieder auftauchen.

Auch in diesem Bereich waren sich die Expertinnen/Experten sehr einig. Alle acht Befragten gaben an, dass ein großes Problem der Jugendlichen ihr unrealistischer Berufswunsch beziehungsweise ihre Selbstüberschätzung sei. Berufswunsch und Berufsrealität klaffen oft weit auseinander. Drei interviewte Personen ergänzten, dass auch der Berufswunsch, den die Eltern für ihre Tochter/ihren Sohn hegen, in der Realität schwer umsetzbar ist. Vier von sieben Interviewpartnerinnen/Interviewpartner sehen auch in der geringen Qualifikation der betroffenen Jugendlichen ein Problem, da diese von vornherein viele berufliche Möglichkeiten (zum Beispiel weiterführende Schule, Lehrberuf o.Ä.) ausschließt. Eine interviewte Person nannte als Schwierigkeit den Entwicklungsrückstand, den viele Jugendliche aufweisen. Sie meinte, dass diese Jugendlichen mehr Zeit bräuchten um nachzureifen. Die meisten Nachreifungsmaßnahmen dauern aber eben nur ein Jahr.

„Nicht nur die Selbsteinschätzung der Jugendlichen, leider auch sehr oft die Einschätzung der Eltern über die Jugendlichen entspricht nicht der Realität. Zum Beispiel: Ein junger Bursch sitzt gemeinsam mit seinem Vater bei mir, der Bursche hat sonderpädagogischen Förderbedarf in allen Gegenständen und der Papa sagt, er soll noch ein Jahr ins Poly gehen und dann in die

HTL, das schafft er, weil das Niveau sinkt sowieso dauernd, das liest man ja in der Zeitung" (Interview VII, Seite 4, Zeile 76-81).

„Ja, zum einen auf jeden Fall, weil die Möglichkeiten einfach eingeschränkt sind, die Jugendliche mit einem sonderpädagogischen Förderbedarf haben nichtsdestotrotz nicht dieselben Möglichkeiten wie ein Jugendlicher, der eine höhere Schule gemacht hat" (Interview II, Seite 7-8, Zeile 174-177).

Die untenstehende Grafik gibt die Häufigkeit der Textstellen der jeweiligen Kategorie an:

Grafik 5: Probleme der Jugendlichen (n=8)

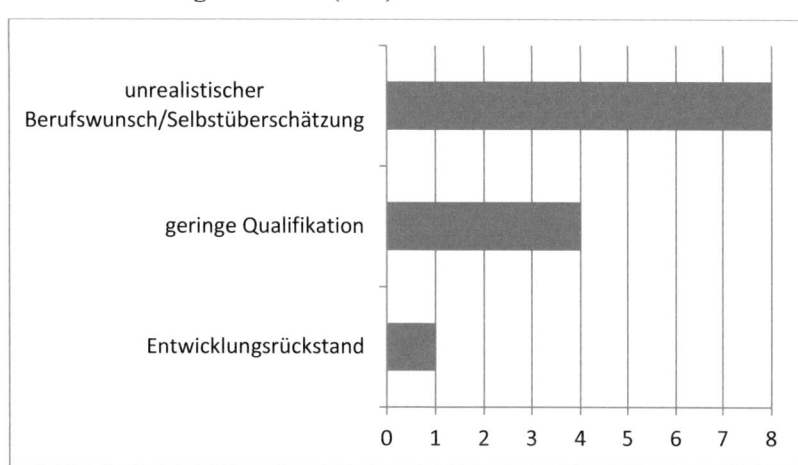

Quelle: eigene Darstellung

Die Unterkategorie **„Unterschiede im Integrationsprozess"** umfasst alle Äußerungen der Interviewpartnerinnen/Interviewpartner, zum Thema Unterschiede im Integrationsprozess bezüglich des Geschlechts und der Herkunft.

Fünf Befragte sagten aus, dass sie keinen Unterschied im Integrationsprozess bezüglich des Geschlechts feststellen können. Zwei Befragte meinten jedoch, dass es Mädchen schwieriger haben. Die Gründe, die sie dafür angaben, sind, dass es immer noch Betriebe gibt, die bevorzugt Burschen für technische Berufe einstellen und dass besonders bei Mädchen mit Migrationshintergrund Themen auftauchen, die einer Integration in den ersten Arbeitsmarkt im Weg stehen können. Eine Befragte/ein Befragter führte als Beispiel an, dass Mädchen mit moslemischem Hintergrund oftmals darauf bestehen, dass sie ihr Kopftuch auch in der Arbeit tragen dürfen. In vielen Berufen (zum Beispiel Verkauf) kann diesem Wunsch jedoch nicht entsprochen werden. Eine Befragte/ein Befragter sagte, dass es aus ihrer/seiner Sicht die

Burschen schwieriger haben, weil diese mehr Schwierigkeiten mit sozialen Umgangsformen als die Mädchen haben. Aufgrund der fehlenden Sozialkompetenz kommt es schon vor, dass potentielle Arbeitsverhältnisse vonseiten der Arbeitgeberin/des Arbeitgebers doch nicht angeboten werden.

Ein Unterschied, der den Integrationsprozess wesentlich beeinflussen kann, ist die Sprache. Drei Befragte gaben an, dass das Nichtbeherrschen der deutschen Sprache ein Hauptgrund ist, warum die Integration in den Arbeitsmarkt nicht stattfinden kann oder sich verzögert. Zwei Befrage meinten, dass es immer noch Betriebe gibt, die Vorurteile gegenüber Migranten hegen. Besonders Migranten mit schwarzer Hautfarbe hätten es schwerer. Sie fügten auch an, dass gerade im ländlichen Bereich die Vorurteile noch stärker ausgeprägt sind als im Ballungsraum. Ein Befragter meinte sogar, dass es Firmen gibt, die in gewissen Bereichen, in denen eine niedrige beziehungsweise geringe Qualifizierung ausreicht, gerne Menschen mit Migrationshintergrund einstellen wollen, außerdem zähle letztendlich die Arbeitsleistung und nicht die Herkunft.

„Jugendliche mit Migrationshintergrund haben es schon schwerer. Gerade in dem Gebiet (ländlich), wo ich tätig bin, gibt es noch sehr viele Firmen, die einfach noch Scheu haben, Jugendliche mit Migrationshintergrund einzustellen. Alleine schon, wenn der Jugendliche einen deutschen Namen hat, hat er einen Vorteil gegenüber Jugendlichen mit einem türkischen oder serbokroatischen Namen" (Interview VII, Seite 6, Zeile 143-147).

„Ich sehe aber Schwierigkeiten bei jugendlichen Migranten, die noch nicht so lange in Österreich sind und teilweise die Grundschule in ihrem Heimatland abgeschlossen haben und in Österreich in der vierten Klasse Hauptschule oder im Poly ankommen. Natürlich weisen diese die nötigen Sprachkenntnisse nicht auf, da sehe ich schon ein riesengroßes Problem" (Interview V, Seite 5, Zeile 143-147).

Die untenstehende Grafik gibt die Häufigkeit der Textstellen der jeweiligen Kategorie an:

Grafik 6: Unterschiede im Integrationsprozess (n=8)

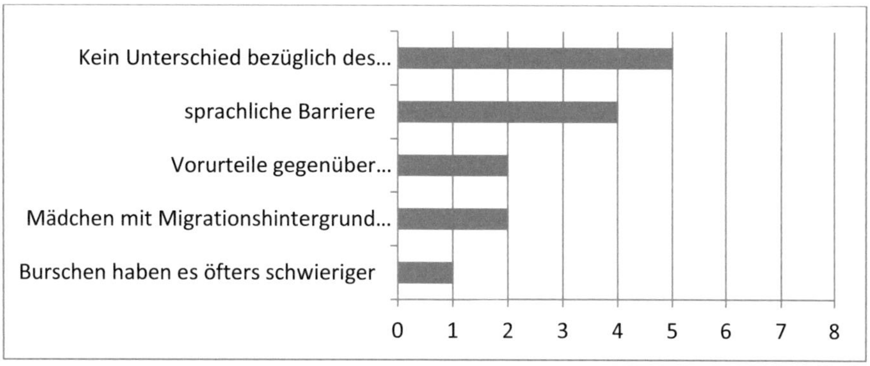

Quelle: eigene Darstellung

6.3 Fördermaßnahmen

Die Kategorie „**Fördermaßnahmen**" erfasst alle Aussagen der Befragten, welche sie zu diesem Thema gemacht haben. Beim Durchführen der Interviews stellte sich relativ rasch heraus, dass sich viele Fördermaßnahmen nach den Bedürfnissen der Klientinnen/Klienten richten. Weiters machten die Befragten aber auch Aussagen zu Fördermaßnahmen, die wünschenswert wären, aber nicht angeboten werden können. Deshalb wurde die Kategorie „**Fördermaßnahmen**" in zwei Unterkategorien aufgeteilt, zum einen in die Unterkategorie „**angebotene Fördermaßnahmen**", zum anderen in die Unterkategorie „**wünschenswerte Fördermaßnahmen**".

Die Unterkategorie „**angebotene Fördermaßnahmen**" beschäftigt sich mit den Inhalten, mit denen sich die Expertinnen/Experten mit den Jugendlichen auseinandersetzen.

Fünf Interviewpartnerinnen/Interviewpartner gaben an, dass sie mit den Jugendlichen an ihren Kompetenzen arbeiten. Damit meinen sie sowohl die Bandbreite der sozialen Kompetenzen wie auch die Aneignung der benötigten fachlichen Kompetenzen, die im angestrebten Berufsalltag vonnöten sind. Zwei Interviewpartnerinnen/Interviewpartner sprachen dezidiert von einem angebotenen Arbeitstraining und dass das Trainieren und Auffrischen der Kulturtechniken eine wesentliche Fördermaßnahme darstellt. Eine Expertin/ein Experte fügte hinzu, dass auch die Inanspruchnahme von Nachhilfe eine wichtige Fördermaßnahme sei, um fehlendes schulisches Wissen aufzufrischen. Weiters erachten sechs Interviewpartnerinnen/Interviewpartner die

Berufsorientierung und das Bewerbungstraining als sehr wichtig. Eine Befragte/ein Befragter gab jedoch an, dass diese Themen mitunter sehr theoretisch sind und das Interesse der Jugendlichen, sich mit diesen Themen zu beschäftigen, eher gering ist. Deshalb ist die praktische Komponente dieses Themas umso wichtiger, fünf Befragte meinten, dass das Anbieten beziehungsweise die Unterstützung beim Akquirieren von Schnupper- und Praktikumsplätzen eine ganz wesentliche Fördermaßnahme darstellt.

Dass die angebotenen Fördermaßnahmen sehr individuell auf die Klientinnen/Klienten abgestimmt gehören, sagten fünf der Befragten.

Als zusätzliche Fördermaßnahme nannten drei der Interviewpartnerinnen /Interviewpartner die Inanspruchnahme psychologischer Hilfe für ihre Klientinnen/ Klienten.

„Ich mache Berufsorientierung, erarbeite mit den Jugendlichen konkrete Berufsfelder, schaue, dass das Ganze irgendwie realistisch wird und auch für den Jugendlichen, auch durch Schnupperpraktika sozusagen erlebbar wird" (Interview VI, Seite 9, Zeile 274-276).

„Wo sie auf jeden Fall Unterstützung brauchen, ist im ganzen Bereich der Kulturtechniken. Wir haben kaum einen Jugendlichen, der alleine halbwegs eine Bewerbung schreiben kann, halbwegs einen Lebenslauf hinbekommt" (Interview IV, Seite 8, Zeile 227-230).

„Es ist ganz wichtig, dass der Jugendliche ganz individuelle Unterstützung bekommt. Es kann manchmal sein, dass es auch für eine kleine Gruppe machbar wäre, aber ich denke, individuell ist besser und einfacher, weil man dann ganz konkret auf den einzelnen eingehen kann" (Interview III, Seite 8, Zeile 216-219).

Die untenstehende Grafik gibt die Häufigkeit der Textstellen der jeweiligen Kategorie an:

Grafik 7: Angebotene Fördermaßnahmen (n=8)

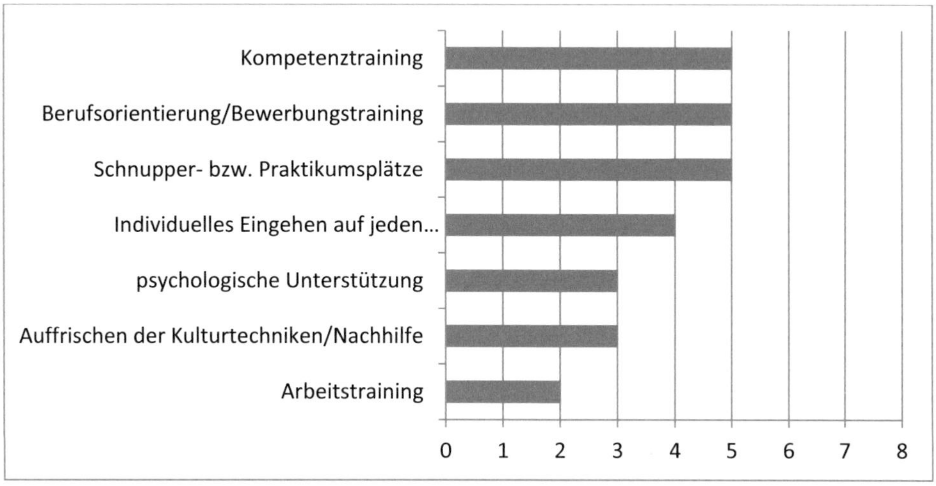

Quelle: eigene Darstellung

Die Unterkategorie **„wünschenswerte Fördermaßnahmen"** beinhaltet alle Aussagen der Interviewpartnerinnen/Interviewpartner bezüglich weiterer Förderangebote, die aus ihrer Sicht noch hilfreich wären.

In diesem Bereich nannten die Befragten mehrere wünschenswerte Fördermaßnahmen, die sie gerne anbieten würden, es aber von finanzieller oder auch rechtlicher Seite nicht möglich ist, diese momentan anzubieten. Interessanterweise gab es in diesen Kategorienbereichen weniger Überschneidungen als in den anderen.

Vier Befragte würden gerne die Zusammenarbeit mit ihren Klientinnen/Klienten früher beginnen. Konkret sprachen sie davon, dass es wünschenswert wäre, wenn nicht erst in der neunten Schulstufe die Zusammenarbeit an der Schnittstelle beginnt, sondern schon in der achten Schulstufe die Möglichkeit dazu bestehen würde.

Zwei Befragte würden sich mehr Angebote für Jugendliche mit Beeinträchtigungen am zweiten Arbeitsmarkt wünschen, sodass Zeit für eine Nachreifung gegeben werden kann, eine Befragte/ein Befragter wünscht sich mehr Angebote für Klientinnen/Klienten am dritten Arbeitsmarkt (fähigkeitsorientierte Arbeit). Die Befragte/der Befragte kritisiert, dass in diesem Bereich die Wartezeiten für einen geeigneten Platz oft mehrere Jahre dauern.

Eine Befragte/ein Befragter nannte als wünschenswerte Fördermaßnahme, die Lernförderung an Schulen zu verstärken, sodass es nicht vorkommt, dass Schülerinnen/Schüler nach der neunten Schulstufe die Schule ohne positiven Abschluss verlassen.

Ein weiterer Wunsch einer Interviewpartnerin/eines Interviewpartners ist, dass die gesetzlichen Rahmenbedingungen geschaffen werden, um längere Praktika beziehungsweise Schnupperpraktika anbieten zu können. Darüber hinaus gab eine Befragte/ein Befragter an, dass sie/er sich wünscht, mit den Jugendlichen im Gruppensetting arbeiten zu können, weil gerade soziale Themen in der Gruppe besser erlebbar beziehungsweise bearbeitbar sind.

„Es wäre durchaus wünschenswert, schon im achten Schulbesuchsjahr mit der Arbeit zu beginnen, weil man dann präventiv arbeiten und die Jugendlichen früher informieren könnte. Das Jugendcoaching starten ab dem neunten Schulbesuchsjahr, für mache Dinge ist es da vielleicht manchmal schon zu spät" (Interview V, Seite 7, Zeile 214-217).

„Ja, die gibt es, und zwar hätte ich gerne, dass wir unseren Jugendlichen längere Praktika anbieten können. Und das können wir momentan nicht, weil wir keinen Schulungsstatus haben" (Interview III, Seite 8, Zeile 228-230).

Die untenstehende Grafik gibt die Häufigkeit der Textstellen der jeweiligen Kategorie an:

Grafik 8: Wünschenswerte Fördermaßnahmen (n=8)

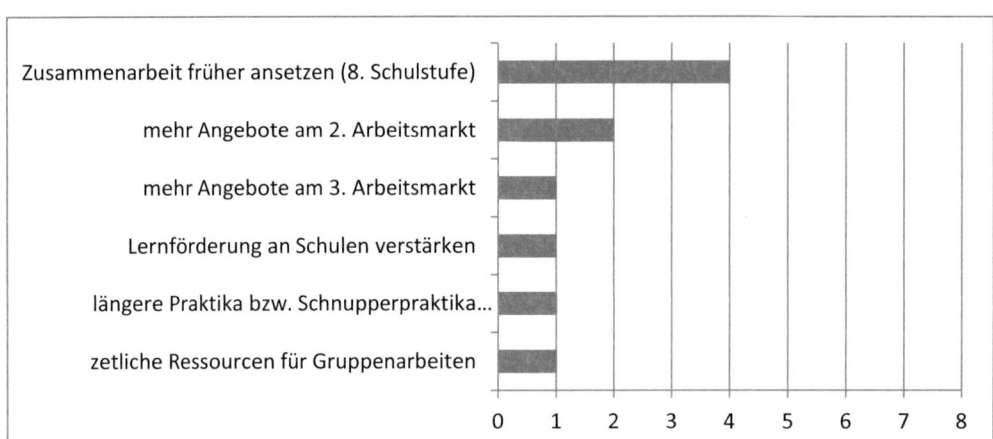

Quelle: eigene Darstellung

6.4 Persönlicher Unterstützerkreis

Die Kategorie „**Persönlicher Unterstützerkreis**" beleuchtet die Thematik der Unterstützung, die Jugendliche mit Beeinträchtigungen an der Schnittstelle Schule -Beruf von ihrer Familie erhalten. Dazu wurde die Kategorie in zwei Unterkategorien geteilt, nämlich in „**produktive Unterstützung**" und „**unproduktive Unterstützung**". Vorab ist noch zu erwähnen, dass die Interviewpartnerinnen/Interviewpartner angaben, wie viele ihrer zu betreuenden Jugendlichen Unterstützung von zu Hause bekommen. Diese Prozentwerte sagen jedoch nichts darüber aus, ob sich diese Unterstützung produktiv oder unproduktiv auf den Integrationsprozess auswirkt. Sechs Befragte gaben an, dass zirka 30-50% der Jugendlichen von ihrem familiären Umfeld Unterstützung erhalten. Eine Befragte/ein Befragter gab keinen prozentuellen Wert an. Darüber hinaus waren sich alle Befragten einig, dass eine positive Unterstützung des Elternhauses sich immer positiv auf den Integrationsprozess in den Arbeitsmarkt auswirkt.

„Ja, da wo die Unterstützung passt, da ist natürlich alles leichter und es geht auch schneller. Die zehn schwierigen Fälle, die jetzt noch nicht wissen, wie es im Herbst weitergeht, haben alle nicht besonders viel Unterstützung von zu Hause" (Interview VII, Seite 8, Zeile 231-233).

In der Unterkategorie „**produktive Unterstützung**" werden alle Aussagen zusammengefasst, welche in den Interviews hinsichtlich einer förderlichen Unterstützung seitens des Elternhauses gemacht wurden.

Sieben Befragte gaben an, dass die Eltern einen ganz wichtigen Beitrag leisten, wenn sie ihre beruflichen und privaten Kontakte nützen, um Schnupperplätze, Praktikumsplätze oder sogar potentielle Arbeitsplätze zu akquirieren.

Weiters erwähnten fünf Befragte, dass eine Zusammenarbeit mit den Eltern in Form von Elterngesprächen stattfinde, diese Kooperation kann ebenso zu einer gelungenen Integration in den Arbeitsmarkt beitragen.

Eine Befragte/ein Befragter ist der Meinung, dass die Vorbildwirkung des sozialen Umfelds der/des Jugendlichen ganz wichtig ist. Wenn die anderen Familienmitglieder einer geregelten Arbeit nachgehen, dann steigt auch die Motivation der Klientin/des Klienten, sich in den Arbeitsprozess integrieren zu wollen.

Die realistische Einschätzung der Lage, das heißt, dass die Eltern sich der Fähigkeiten, Stärken und Schwächen ihres Kindes bewusst sind, ist für eine Befragte/einen Befragten ein wesentliches Kriterium einer produktiven Unterstützung.

„Naja, es ist so, wenn Eltern dementsprechende Kontakte zu Firmen haben, auf die man zurückgreifen kann, dann nehmen wir diese sicher in Anspruch. Das kommt schon vor, die Vermittlung ist dann mitunter einfacher." (Interview I, Seite 11, Zeile 328-330).

„Man könnte sagen, wenn die Eltern die beruflichen Chancen ihres Kindes realistisch einschätzen, dann kann ihre Unterstützung sehr wohl förderlich sein" (Interview I, Seite 10, Zeile 308-309).

Die untenstehende Grafik gibt die Häufigkeit der Textstellen der jeweiligen Kategorie an:

Grafik 9: Produktive Unterstützung (n=8)

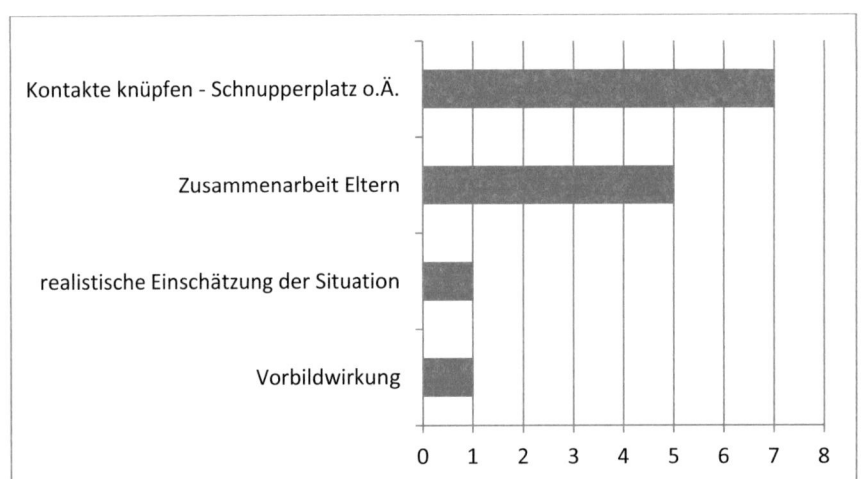

Quelle: eigene Darstellung

In der Unterkategorie **„kontraproduktive Unterstützung"** werden alle Aussagen zusammengefasst, welche in den Interviews hinsichtlich einer kontraproduktiven Unterstützung seitens des Elternhauses gemacht wurden.

Sieben Interviewpartnerinnen/Interviewpartner gaben an, dass eine unrealistische Vorstellung seitens der Eltern bezüglich des angestrebten Berufs ihres Kindes den Prozess sehr negativ beeinflusst. Die Befragte/der Befragte V fügte an, dass gerade bei der Ausbildungswahl die Vorstellungen der Eltern sehr unrealistisch sind. Sie/er meint, dass dies möglicherweise damit zusammenhängt, dass die Eltern oft selbst nicht die Chance gehabt haben, eine Berufsausbildung zu erlernen. Weiters gaben zwei Befragte an, dass gerade bei Eltern mit Migrationshintergrund das Wissen um Ausbildungsmöglichkeiten udgl., um Kinder gut unterstützen zu können, fehlt. Der Wissensmangel führt zu Fehlinformationen, die sich dementsprechend kontraproduktiv auf den Integrationsprozess auswirken können.

Wiederum sechs Interviewpartnerinnen/Interviewpartner stellten fest, dass die Jugendlichen bei der Berufswahl oftmals vom Elternhaus unter Druck gestellt werden. Die Befragte/der Befragte IV gab an, dass die Eltern manchmal mehr wollen als tatsächlich vom Kind machbar ist und sie ihr Kind dadurch massiv unter Druck setzen.

Eine Interviewpartnerin/ein Interviewpartner meinte, dass auch das Nichteinhalten von Vereinbarungen vonseiten der Eltern der Zusammenarbeit nicht förderlich ist. Es kommt zum Beispiel immer wieder vor, dass vereinbarte Elterngesprächstermine nicht wahrgenommen werden und vonseiten der Eltern aber auch keine Absage erfolgt.

„Was nicht hilft, wenn man es so sagen will. Wenn die Eltern selber sehr unrealistische Vorstellungen haben und dann sagen, mein Sohn, meine Tochter soll Matura machen, er oder sie von den Noten her aber so ist, dass es sich einfach nicht ausgehen wird, dann gibt es zwar Unterstützung, sage ich jetzt mal, die aber nicht förderlich ist" (Interview II, Seite 11, Zeile 326-330).

„Durchaus kommt es vor, dass die Jugendlichen unter Druck gestellt werden. Mädchen, die sagen, sie müssen unbedingt in diesem oder jenem Beruf arbeiten, zum Beispiel im Büro, weil das einfach vom Elternhaus erwünscht wird. Oder Burschen, die einen bestimmten Beruf ausüben müssen, weil es einfach den Vorstellungen der Eltern entspricht. Oder, wie gesagt, dass sie eine weiterführende Schule besuchen sollen, damit sie eine Matura erlangen, obwohl es gar nicht möglich ist" (Interview V, Seite 9, Zeile 276-281).

Die untenstehende Grafik gibt die Häufigkeit der Textstellen der jeweiligen Kategorie an:

Grafik 10: Kontraproduktive Unterstützung (n=8)

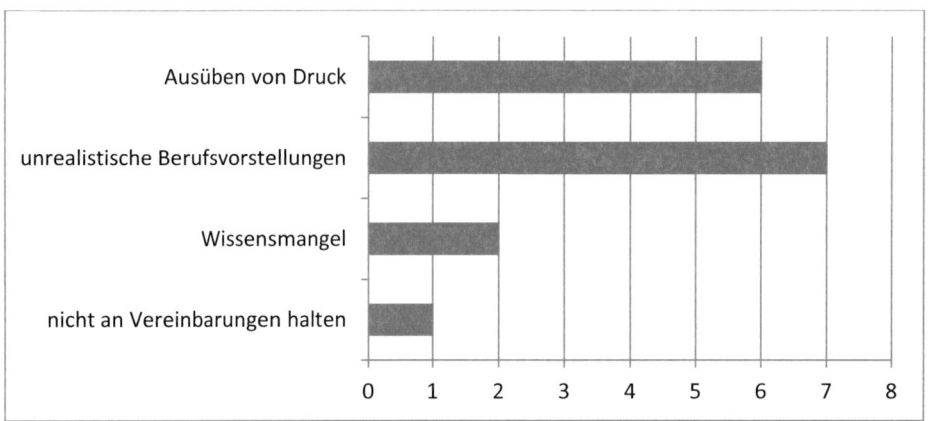

Quelle: eigene Darstellung

6.5 Zeitrahmen

Die Kategorie **„Zeitrahmen"** enthält alle Aussagen der Interviewpartnerinnen/Interviewpartner, die sie zu den ihnen zur Verfügung stehenden zeitlichen Ressourcen gemacht haben.

Sechs Befragte meinten, dass der zeitliche Rahmen grundsätzlich ausreicht. Grundsätzlich deshalb, weil es auch immer wieder Fälle gibt, die mehr als ein Jahr zu betreuen sind. In Ausnahmefällen kann die Betreuung auch verlängert werden.

Eine Befragte/ein Befragter meinte jedoch, dass die zeitlichen Ressourcen nicht ausreichen. Sie/er gab an, dass vor allem die Zeit fehle, die Jugendlichen im Praktikum beziehungsweise beim Schnuppern fachgerecht zu betreuen, da vor allem auch die Firmen sich ab und zu mehr Betreuung wünschen würden. Eine Befragte/ein Befragter legte sich nicht dezidiert fest, ob die Zeit ausreiche oder nicht, sie/er meinte jedoch, dass es ganz wichtig sei, dass man mit den zeitlichen Ressourcen flexibel umgehen kann. Es gibt Jugendliche, die mit einer dreimonatigen Unterstützung in den Arbeitsmarkt integriert werden können, andere wiederum benötigen dafür viel mehr Zeit.

„Mehr Zeit. Wir bräuchten viel mehr Zeit vor Ort in den Firmen und in den Praktika. Eigentlich bräuchten wir zusätzliches Personal, das bei den Praktika vor Ort sein kann, das dafür flexibel einsetzbar ist. Jetzt habe ich zum Beispiel wieder so einen Fall bei der Hypo-Bank, die

wünschen sich da und dort was, aber nur stundenweise. Das sind ganz wichtige Schlüssel zur Integration, dass jemand vor Ort ist" (Interview IV, Seite 13, Zeile 387-391).

„Das Jahr, es kann unter Umständen verlängert werden, reicht aber in der Regel aus. Wenn es nicht ausreicht, kann man es verlängern" (Interview III, Seite 11, Zeile 332-333).

Die untenstehende Grafik gibt die Häufigkeit der Textstellen der jeweiligen Kategorie an:

Grafik 11: Zeitrahmen (n=8)

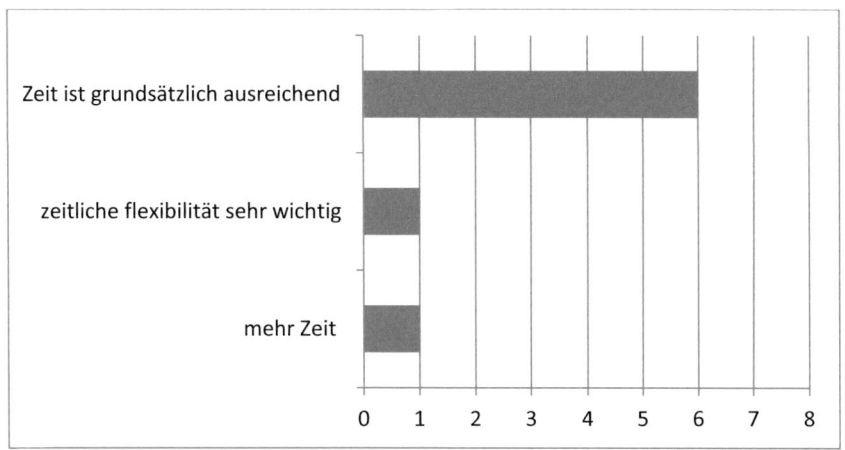

Quelle: eigene Darstellung

7 Diskussion der Ergebnisse

In diesem Kapitel erfolgt die Auseinandersetzung mit den Forschungsergebnissen. Dabei sollen die gewonnenen Daten der Interviews mit der bereits bearbeiteten Theorie in Verbindung gebracht werden. Im Fokus der Diskussion der Ergebnisse stehen dabei die Fragestellungen beziehungsweise die Hypothesen, die vorab überlegt beziehungsweise ausformuliert wurden. Folgende Fragestellungen beziehungsweise Hypothesen wurden aufgestellt:

◊ Wie sieht der Integrationsprozess für Jugendliche mit Beeinträchtigungen aus der Sicht der Expertinnen/Experten diverser Integrationsmaßnahmen aus?

◊ Welche Fördermaßnahmen zur Integration werden von den jeweiligen Integrationsmaßnahmen während des Integrationsprozesses angeboten?

◊ Sind diese Fördermaßnahmen ausreichend oder gäbe es aus Sicht der Experten weitere sinnvolle Maßnahmen, die aber zurzeit nicht angeboten werden können (zum Beispiel weil keine finanziellen Mittel verfügbar sind)?

Aus diesen Forschungsfragen ergeben sich folgende Hypothesen:

◊ Jugendliche, die in diesem Prozess nicht auf stabile Beziehungen im familiären beziehungsweise sonstigen Umfeld bauen können, benötigen mehr Zeit, um vermittelt werden zu können.

◊ Wenn vonseiten der Eltern keine positive Unterstützung erfolgt, hat dies negative Auswirkungen auf den Integrationsprozess.

◊ Kann die Integrationsmaßnahme der Klientin/dem Klienten ausreichend Zeit zur Entfaltung, Entwicklung und zum Erkennen seiner persönlichen Fähigkeiten und Interessen zur Verfügung stellen, so erhöht sich die Chance zur Integration in den Arbeitsmarkt.

◊ Integrationsmaßnahmen, die weniger auf die Wünsche und Bedürfnisse ihrer Klientinnen/Klienten eingehen beziehungsweise die die nötigen zeitlichen oder finanziellen Ressourcen zur ganzheitlichen Betreuung nicht aufbringen können, werden mit ständigen Misserfolgen konfrontiert sein und langfristig keine hohen Vermittlungsquoten erreichen.

7.1 Integrationsprozess für Jugendliche mit Beeinträchtigungen aus der Sicht der Expertinnen/Experten

Aus den geführten Interviews kristallisierten sich drei Bereiche heraus, die die Expertinnen/Experten für den Integrationsprozess der Jugendlichen mit Beeinträchtigungen als besonders wichtig erachten. Diese sind die Zusammenarbeit mit den an der Schnittstelle Schule-Beruf beteiligten Institutionen beziehungsweise Organisationen und Personen, das Erarbeiten eines realistischen Berufswunsches und die Unterschiede im Integrationsprozess bezüglich des Geschlechts sowie der Herkunft.

- Zusammenarbeit:

Aus den geführten Interviews ergibt sich, dass sechs von acht Expertinnen/Experten die Zusammenarbeit mit anderen an der Schnittstelle Schule - Beruf beteiligten Institutionen und Schulen als sehr wichtig erachten. Die Zusammenarbeit unter den Institutionen klappt aus ihrer Sicht besser als die Zusammenarbeit mit den Schulen. Die Gründe dafür sind vielfältig. Lehrerinnen/Lehrer sehen zum Beispiel ihre Aufgabe primär in der Wissensvermittlung und nicht in der Vorbereitung auf die Arbeitswelt. Auch Niedermair (2005) ist der Meinung, dass die Vernetzungsarbeit eine wesentliche Aufgabe darstellt: „Eine der wohl wichtigsten Aufgaben der Schule an der Schnittstelle ist die frühzeitige Vernetzung mit sämtlichen Systempartnern. Das im österreichischen Schulsystem noch immer vorherrschende Denken in abgeschlossenen, aufeinander folgenden Stufen, die kaum im Austausch miteinander stehen, muss radikal überwunden werden." (Niedermair, C. (2005), 72)

Um diesen nun bekannten Problemen entgegenzusteuern, wäre es sinnvoll, dass die Zusammenarbeit zwischen Schulen, Jobcoaching und anderen an der Schnittstelle Schule - Beruf angesiedelten Organisationen dringend ausgebaut wird. Ein ganz wichtiger Punkt dabei wird sein, dass bei der Vernetzungsarbeit alle beteiligten Organisationen um Klarheit und Transparenz bemüht sind, was zum Beispiel ihre inhaltlichen und konzeptionellen Schwerpunkte betrifft, da sogar sechs der interviewten Expertinnen/Experten angaben, dass dies nicht immer gegeben ist. Des Weiteren müsste man sich überlegen, wie es gelingt, die Schule mehr in den Integrationsprozess mit einzubeziehen. Wirkungsvolle Maßnahmen wären beispielsweise:

– Zuständige berufsberatende Lehrer, Klassenvorstände und Schulleiter sollten konkreter über die Arbeitsweisen der Jobcoaches informiert werden, da sie dadurch mehr Verständnis und Einblick in diesen Prozess gewinnen und sich somit auch engagierter einbringen können. Ein kontinuierlicher Austausch zwischen diesen Personengruppen wäre wünschenswert. Genauso wenig dürfen Eltern sowie natürlich die Klienten selbst aus dem Prozess der Findung der beruflichen Ziele ausgeklammert werden.

– Um diesen verstärkten Austausch überhaupt zu ermöglichen, ist es unabdingbar, die nötigen zeitlichen und finanziellen - derzeit noch nicht vorhandenen - Ressourcen für Lehrerinnen/Lehrer zur Verfügung zu stellen.

– Schulungsangebote für Lehrerinnen/Lehrer, die über aktuelle Ausbildungsmöglichkeiten und vor allem auch über aktuelle Berufsqualifizierungsmaßnahmen für Schülerinnen/Schüler nach Beendigung der Pflichtschuljahre informieren, schaffen.

Darüber hinaus ist aus Sicht der Expertinnen/Experten eine Zusammenarbeit mit dem Elternhaus ganz wichtig.

In der Literatur wird oft darauf hingewiesen, dass viele Jugendliche mit Beeinträchtigungen aus Familien kommen, die eine unterdurchschnittliche berufliche und gesellschaftliche Stellung einnehmen. In diesen Familien spielt die Überlegung der beruflichen Integration ihrer Kinder eine untergeordnete Rolle (vgl. Fasching, H., Niehaus, M. (2004): Berufliche Integration von Jugendlichen mit Behinderungen: Synopse zur Ausgangslage an der Schnittstelle von Schule und Beruf, http://www.bwpat.de/ausgabe6/fasching_niehaus_bwpat6.pdf, Abfragedatum 09.01.2014).

Die Expertinnen/Experten sehen jedoch das weitaus größere Problem darin, dass die Eltern die beruflichen Chancen ihre Kinder oft sehr unrealistisch einschätzen. Meist wünschen sich die Eltern höhere berufliche Ziele für ihre Kinder. In diesen Fällen muss auch viel Familienarbeit geleistet werden, sodass schlussendlich gemeinsam ein berufliches Ziel verfolgt werden kann. Dass die berufliche Integration der Jugendlichen in Zusammenarbeit mit den Eltern besser und auch schneller funktioniert, darüber sind sich die Expertinnen/Experten einig. Die effektivste Unterstützung leisten sie, wenn sie ihre beruflichen Kontakte einfließen lassen, um Praktikumsstellen zu akquirieren.

• Erarbeiten eines realistischen Berufswunsches:

Aus Sicht der Expertinnen/Experten ist dieser Thematik viel Aufmerksamkeit zu schenken. Alle Befragten gaben an, dass ihre Klientinnen/Klienten oft eine unrealistische Einschätzung der eigenen Berufsmöglichkeiten haben. Auch die Eltern schätzen den zukünftigen Berufswunsch ihres Kindes oftmals sehr unrealistisch ein. Meines Erachtens muss auch bei dieser

Problematik früher angesetzt werden. Wenn bis zu Erscheinung des Jugendcoaches die Berufswünsche der Jugendlichen/des Jugendlichen noch nie oder kaum Thema waren, dann ist es unter Umständen schon zu spät, um ein realistisches Berufsbild gemeinsam mit der Jugendlichen/dem Jugendlichen zu erarbeiten. Folgende Lösungsansätze wären aus meiner Sicht denkbar:

– Es sollte möglich sein, dass mit der Zusammenarbeit nicht erst in der neunten Schulstufe begonnen wird, sondern bei Bedarf schon früher.

– Die gesetzlich festgelegte Dauer der Schnuppertage sollte erhöht werden, da die Jugendlichen direkten Kontakt mit der Arbeitswelt benötigen, um konkret zu erfahren, was es bedeutet, zum Beispiel als KFZ-Technikerin/KFZ-Techniker zu arbeiten.

In diesem Zusammenhang möchte ich das Projekt LIFT aus der Schweiz vorstellen, das genau diese zwei aufgelisteten Punkte beinhaltet. Es bietet den Jugendlichen mehr Zeit, um sich beruflich orientieren zu können und es ist nicht auf ein paar Schnuppertage begrenzt.

LIFT ist ein Integrations- und Präventionsprojekt des Vereines Netzwerk für sozial verantwortliche Wirtschaft. Ziel dieses Projektes ist die nahtlose Integration in die Berufswelt nach Absolvierung der obligatorischen Schulzeit. Speziell Jugendliche mit sozialen und schulischen Defiziten werden vom Projekt LIFT betreut. Damit ein nahtloser Übergang ins Berufsleben erfolgen kann, stehen den Jugendlichen ab der siebten Schulstufe wöchentliche Arbeitseinsätze in Gewerbe- und Industriebetrieben zur Verfügung. LIFT möchte dadurch die Zusammenarbeit zwischen Schulen und Gewerbebetrieben nachhaltig fördern. Die Arbeitseinsätze finden außerhalb der ordentlichen Schulzeiten statt. Diese Erfahrungen können auch helfen, falsche Berufsvorstellungen zu klären (vgl. NSW / RSE (2014): Netzwerk für sozial verantwortliche Wirtschaft, Kompetenzzentrum Lift, http://jugendprojekt-lift.ch/was-ist-lift/, Abfragedatum 05.07.2014).

• Unterschiede bezüglich des Geschlechts beziehungsweise der Herkunft:

Entgegen der Aussagen in der Literatur sagten sechs der Befragten aus, dass sie in ihrer täglichen Arbeit mit den Jugendlichen nicht bemerken, dass weibliche Jugendliche im Integrationsprozess benachteiligt wären.

So zeigen Studien, dass besonders lernbehinderte Mädchen zweifach benachteiligt sind. Einerseits durch ihre Behinderung andererseits durch ihr Geschlecht. Die Unterstützung aus dem familiären Umfeld ist zum Beispiel bei Mädchen mit einer Lernbehinderung geringer als bei Jungen mit einer Lernbehinderung (vgl. Orthmann, D. (2000), 108-114).

Die Studie ist natürlich zu beachten und es ist davon auszugehen, dass die Unterstützung des familiären Umfelds bei Mädchen oftmals geringer ausfällt als bei Burschen. In der Praxis wird jedoch diese mangelnde familiäre Unterstützung oftmals durch die professionelle Förderung der Expertinnen/Experten ausgeglichen, sodass man nicht davon ausgehen kann, dass Mädchen mit einer Beeinträchtigung weniger in den Arbeitsmarkt vermittelt werden als Burschen. Ich kann dieses Argument nicht mit Zahlen untermauern, sondern mich nur auf die Angaben meiner befragten Expertinnen/Experten stützen. Außerdem konnte ich während meiner beruflichen Tätigkeit im Personalservice für Menschen mit Beeinträchtigungen ebenfalls keine Nachteile bezüglich des Geschlechts feststellen.

Bezüglich der Herkunft konnten die Befragten schon Unterschiede feststellen. Diese Feststellungen decken sich mit den Angaben in der Literatur, die in Kapitel 2.3.2 näher ausgeführt wurden. Zum einen wird der Zugang zum Arbeitsmarkt verschlechtert, weil oft sprachliche Defizite vorhanden sind, zum anderen gaben zwei Expertinnen/Experten an, dass ihnen im Berufsalltag immer noch Vorurteile gegenüber Ausländern begegnen. Das Thema „Tragen des Kopftuches am Arbeitsplatz", das immer wieder einmal durch die Medien wandert, ist nach wie vor präsent und durchaus ein Kriterium, das darüber entscheidet, ob die Jugendliche eingestellt wird oder nicht. Folgende Aussage bestätigt die Präsenz dieses Themas:

„Also, ich kann jetzt nur aus meiner Erfahrung reden. Ich habe schon voriges Jahr ein Mädchen gehabt, das war eine Kopftuchträgerin, das war irrsinnig schwierig mit der Akzeptanz. Überhaupt einen Schnupperplatz zu bekommen, weil sie ein Kopftuch trägt, war ganz, ganz schwierig. Und sie wollte auch in den Bekleidungshandel, wir haben dann eher in Richtung Damenkleidermacherin geschaut. Da war es nicht so ein Problem. Aber in einem Einzelhandel im Verkauf direkt mit Kundenkontakt, das war nicht einmal in einem türkischen Geschäft möglich, also das war sehr interessant, die Akzeptanz war da schon sehr, sehr gering" (Interview VI, Zeile 235-243).

7.2 Angebotene Fördermaßnahmen zur Integration

Aus der Sicht der Expertinnen/Experten gibt es eine Handvoll Fördermaßnahmen, die als entscheidend für die berufliche Integration von Jugendlichen mit Beeinträchtigungen betrachtet werden. Zum einen fehlen ihnen oft soziale Kompetenzen wie gesellschaftskonforme Umgangsformen, zum anderen benötigen sie Unterstützung im Erlernen beziehungsweise Festigen der Kulturtechniken.

„Gerade soziale Kompetenzen sind eine wesentliche Voraussetzung für eine erfolgreiche Berufsorientierung und den Berufseinstieg." (WUK (2014): CoachingPlus, http://clearingplus.wuk.at/WUK/BERATUNG_BILDUNG/WUK_Bildung_und_Beratung/C oachingPlus/Angebot/Gruppenangebote, Abfragedatum 29.06.2014)

Als genauso wichtig erachten sie das Thema Berufsorientierung. Alle Jugendlichen erfahren beim Jugendcoaching beziehungsweise in den unterschiedlichsten Qualifizierungsmaßnahmen eine berufliche Orientierung, um sie bei ihrer Berufsentscheidung zu unterstützen. Für die Expertinnen/Experten ist diese Fördermaßnahme deshalb so wichtig, da sie, im Anschluss an die berufliche Orientierung für die Jugendlichen viel zielgerichteter Schnupperplätze beziehungsweise Praktikumsplätze akquirieren können. Da die Maßnahmen, in denen sich die Jugendlichen befinden, immer auch zeitlich begrenzt sind, muss die Berufsorientierung sehr bald stattfinden. Natürlich laufen die einzelnen Fördermaßnahmen in der Praxis parallel ab. Gerade bei Jugendlichen mit Beeinträchtigungen kommt erschwerend dazu, dass diese oft über kaum eine Berufswahlkompetenz verfügen. Ihnen fällt es meist nicht leicht, berufliche Entscheidungen zu treffen, da sie diesem Thema wenig Aufmerksamkeit widmen und auch oftmals wenig Information darüber erhalten (vgl. Fasching (2004a), 365f).

Da jede Klientin/jeder Klient unterschiedliche Fähigkeiten, Kompetenzen und Fertigkeiten entwickeln muss, um das Ziel einer beruflichen Integration in den Arbeitsmarkt zu erreichen, ist es Voraussetzung, dass die Expertinnen/Experten sehr individuell mit den Jugendlichen arbeiten können. Der Individualität sollten dabei keine Grenzen gesetzt werden. Je konkreter die Expertinnen/Experten auf die Bedürfnisse der Jugendlichen eingehen können, desto treffsicherer wird man die Jugendlichen fördern können.

„Es ist ganz wichtig, dass der Jugendliche ganz individuell Unterstützung bekommt. Es kann manchmal sein, dass es auch für eine kleine Gruppe machbar wäre, aber ich denke, individuell ist besser und einfacher, weil man dann ganz konkret auf den Einzelnen eingehen kann" (Interview III, Zeile 216-219).

Als weitere wichtige Fördermaßnahme nannten die Expertinnen/Experten die Unterstützung bei der Findung eines Schnupper- beziehungsweise Praktikumsplatzes. Die meisten Jugendlichen sind mit dieser Aufgabe überfordert. Die Expertinnen/Experten bauen sich im Laufe ihrer beruflichen Tätigkeit ein Netz an Schnupper- und Praktikumsplätzen auf, das sie ihren Jugendlichen zur Verfügung stellen können. Auch in diesem Bereich spielt die Individualität eine große Rolle. Manche Jugendliche benötigen zur Findung ihrer beruflichen Interessen einen Schnupperplatz, andere benötigen vielleicht zwei, drei oder vier Schnupperplätze dafür. Diese Fördermaßnahme gehört zum Kerngeschäft der Expertinnen/Experten, da sie dafür verantwortlich sind, dass die Jugendlichen vermittelt werden. Natürlich ist man bemüht, dass die Jugendlichen auch in diesem Bereich Eigenverantwortung übernehmen, so wird zum Beispiel das Anrufen bei einer Firma, um nach einem Schnupperplatz zu fragen, durchaus eintrainiert. Wenn die Berufsorientierung professionell durchgeführt wurde, dann kann in dieser Phase sehr zielgerichtet akquiriert werden. Dadurch wird wertvolle Zeit gewonnen. Auch bei der Akquisition von konkreten Arbeitsplätzen hat sich die Strategie der bewerberorientierten Arbeitsplatzakquisition bewährt. Das heißt, es werden nicht wahllos Betriebe für etwaige mögliche Bewerber akquiriert, sondern die Akquisition findet personenbezogen statt (vgl. Fasching, H. (2004b), 5).

Die Auflistung dieser Fördermaßnahmen ist mit Sicherheit nicht vollständig. Sie zeigt jedoch klar, dass die Expertinnen/Experten aus den unterschiedlichsten Trägerorganisationen in ihrem Bemühen, die Jugendlichen beruflich zu integrieren, sehr ähnliche Arbeitsweisen im Berufsalltag anwenden.

7.3 Fördermaßnahmen, die sinnvoll wären, aber momentan nicht angeboten werden

Die Auswertung dieser Daten im Kapitel 5.3. zeigte, dass in diesem Bereich die Meinungen der Expertinnen/Experten ein bisschen auseinandergehen und somit die Einigkeit wie bei den angebotenen Fördermaßnahmen nicht gegeben ist. Das hängt unter anderem auch damit zusammen, weil die Expertinnen/Experten zwar alle mit Jugendlichen mit Beeinträchtigungen zusammenarbeiten, es jedoch auch in dieser Klientengruppe Unterschiede bezüglich der

Fähigkeiten und Fertigkeiten ihrer zu betreuenden Jugendlichen gibt. Die meiste Einigkeit gab es bei dem Punkt „Zusammenarbeit früher beginnen". Diese Problematik wurde bereits im Kapitel 6.1 erläutert. Ich denke, die Expertinnen/Experten, die diesen Punkt als sinnvoll erachtete Fördermaßnahme angaben, erlebten wahrscheinlich schon Situationen, in denen die gesetzlich vorgegebene Betreuungszeit zu kurz war, um die Jugendliche/den Jugendlichen so zu fördern, dass eine Vermittlung in den Arbeitsmarkt stattfinden konnte. Was alle Expertinnen/Experten in diesem Bereich schon erfahren haben, ist, dass es sehr viele Jugendliche gibt, die erst kurz vor Beendigung der Betreuung den Sprung in die Arbeitswelt schaffen.

Mehr Angebote am zweiten Arbeitsmarkt wünschen sich zwei Expertinnen/Experten sowie längere Praktika, mehr Lernförderung an Schulen und mehr fähigkeitsorientierte Arbeitsplätze wünscht sich jeweils eine Expertin/ein Experte. Diese wünschenswerten Fördermaßnahmen spiegeln wieder die Bedürfnisse der unterschiedlichen Klientel der einzelnen Expertinnen/ Experten.

Dass nicht mehr wünschenswerte Fördermaßnahmen angegeben wurden und die angegebenen einmal beziehungsweise maximal dreimal genannt wurden, kann auch dahingehend interpretiert werden, dass die einzelnen Maßnahmen mit ihren derzeit vorhandenen Ressourcen und Möglichkeiten grundsätzlich zufrieden sind. Es kann somit definitiv ausgeschlossen werden, dass unmittelbar ein dringender Handlungsbedarf besteht, die Fördermaßnahmen zu erweitern beziehungsweise zu adaptieren. Ich sehe diese erwähnten Punkte deshalb als Verbesserungsvorschläge, die sicherlich ihre Berechtigung haben, die Dringlichkeit, diese im System zu installieren, sich aber in Grenzen hält.

7.4   Verifizierung und Falsifizierung der Thesen

7.4.1   These 1

Jugendliche, die in diesem Prozess nicht auf stabile Beziehungen im familiären beziehungsweise sonstigen Umfeld bauen können, benötigen mehr Zeit, um vermittelt zu werden.

Alle Befragten gaben an, dass die Unterstützung der Familie beziehungsweise des sozialen Umfelds eine ganz wesentliche Rolle im Integrationsprozess spielt. Das heißt, dass Jugendliche, die diese Unterstützung nicht erfahren, durchaus benachteiligt sind. Dass diese mehr Zeit benötigen als andere, dazu gibt es keine Aufzeichnungen der einzelnen

Organisationen. Zum zeitlichen Ausmaß legte sich deshalb nur eine Befragte/ein Befragter fest, die/der klar meinte, dass die Vermittlung länger dauert, wenn diese Unterstützung fehlt.

„Ja, da wo die Unterstützung passt, da ist natürlich alles leichter und es geht auch schneller. Die zehn schwierigen Fälle, die jetzt noch nicht wissen, wie es im Herbst weitergeht, haben alle nicht besonders viel Unterstützung von zu Hause" (Interview VII, Zeile 231-233).

Im Zuge der Auswertung der Daten wurde mir bewusst, dass die zeitliche Komponente nicht so eine wesentliche Rolle spielt wie zuerst erwartet. Man hat nichts davon, wenn die Jugendlichen rasch vermittelt werden, allerdings dann den Anforderungen nicht lange standhalten können und eine Entlassung droht. Viel wichtiger ist, dass sie ausreichend gefördert werden, um den beruflichen Anforderungen langfristig entsprechen zu können. Bis auf eine Befragte/einen Befragten gaben alle anderen an, dass die Zeit, die zur Verfügung steht, ausreicht. Diese Aussage ist im Nachhinein gesehen viel wichtiger, als die ausformulierte These 1. Nach der Auswertung der Befragungen kann diese These nicht eindeutig bejaht werden. Diese Untersuchung brachte also kein konkretes Ergebnis, das diese Hypothese unterstützt.

7.4.2 These 2

Kann die Integrationsmaßnahme dem Klienten ausreichend Zeit zur Entfaltung, Entwicklung und zum Erkennen seiner persönlichen Fähigkeiten und Interessen zur Verfügung stellen, so erhöht sich die Chance zur Integration in den Arbeitsmarkt.

Diese These lässt sich mit den Ergebnissen der Interviews von Kapitel 5.5 beantworten. Außer einer Interviewpartnerin/einem Interviewpartner gaben allen anderen an, dass sie ihren Klientinnen/ihren Klienten ausreichend Zeit zur Entfaltung, Entwicklung und zum Erkennen ihrer/seiner persönlichen Fähigkeiten und Interessen zur Verfügung stellen können. Das heißt aber nicht automatisch, dass alle zu betreuenden Jugendlichen eine Arbeitsstelle während der anberaumten Projektzeit finden. Es wäre auch unrealistisch zu meinen, dass alle Teilneh-merinnen/Teilnehmer den Sprung in die Arbeitswelt auf Anhieb schaffen.

Kritisch anzumerken ist, dass die Expertinnen/Experten, wenn sie die Frage beantworten, ob die zur Vermittlung zur Verfügung stehende Zeit ausreichend sei, natürlich an die Erreichung der vorgeschriebenen Vermittlungsquote denken. Diese kann unterschiedlich bemessen sein. Sie liegt meistens bei einem Wert zwischen 60 und 80 Prozent. Unter Umständen können

Jugendliche, die diesen Sprung in die Arbeitswelt nicht geschafft haben noch länger betreut werden. Dies hängt wesentlich von den zur Verfügung stehenden finanziellen Ressourcen ab. Fakt ist jedoch, dass Maßnahmen, die länger als ein Jahr Zeit haben, um die Jugendlichen auf die Arbeitswelt vorzubereiten, eine höhere Vermittlungsquote vorweisen können.

7.4.3 These 3

Integrationsmaßnahmen, die weniger auf die Wünsche und Bedürfnisse ihrer Klientinnen und Klienten eingehen beziehungsweise die die nötigen zeitlichen oder finanziellen Ressourcen zur ganzheitlichen Betreuung nicht aufbringen können, werden mit ständigen Misserfolgen konfrontiert sein und werden langfristig keine hohen Vermittlungsquoten erreichen.

Auch diese These konnte in der durchgeführten Untersuchung bestätigt werden. Betrachtet man die Aussagen der Expertinnen/Experten zu der Frage der angebotenen Fördermaßnahmen in Kapitel 5.3., dann ist ganz klar ersichtlich, dass es sich hierbei um Maßnahmen handelt, die nur Sinn machen, wenn sie auf jede einzelne Jugendliche/jeden einzelnen Jugendlichen individuell abgestimmt sind. Dazu zählen vor allem die Förderung der sozialen Kompetenz, die Berufsorientierung, das Anbieten von geeigneten Schnupper- und Praktikumsplätzen, psychologische Unterstützung, Auffrischen der Kulturtechniken und das individuelle Arbeitstraining. Integrationsmaßnahmen, die nicht oder nur eingeschränkt die Möglichkeit haben, klientenzentriert zu arbeiten, weisen deshalb unweigerlich eine niedrigere Vermittlungsquote auf. Die Vermittlungsquoten der einzelnen Trägerorganisationen wurden mir nicht offiziell genannt, jedoch mir bereits bekannte Projekte, die längere zeitliche Ressourcen zur Verfügung haben, sind nachweislich meist leichter in der Lage positiv zu vermitteln. Diese Projekte können eine Vermittlungsquote von weit über 80% vorweisen. Das heißt, dass Integrationsmaßnahmen, die sich maximal ein Jahr mit ihren Klientinnen/Klienten beschäftigen können, natürlich auch weniger Zeit zur Verfügung haben, um die einzelnen Wünsche und Bedürfnisse ihrer Jugendlichen zu berücksichtigen. Ob die einzelnen Integrationsmaßnahmen die niedrigeren Vermittlungsquoten als Misserfolg deklarieren, sei dahingestellt. Im Normalfall versuchen sie ihre vorgegebene Vermittlungsquote zu erreichen, alle Vermittlungen darüber hinaus sind erfreulich, jedoch nicht verpflichtend. Ich vertrete hier klar die Meinung, dass es besser für die Jugendlichen ist, wenn sie in einer Maßnahme länger Zeit bekommen, um vermittelt zu werden, als wenn sie mehrere einjährige Maßnahmen durchlaufen, bevor sie in den Arbeitsmarkt integriert werden können.

7.4.4 These 4

Wenn vonseiten der Eltern keine positive Unterstützung erfolgt, hat dies negative Auswirkungen auf den Integrationsprozess.

Wenn keine positive Unterstützung vonseiten der Eltern erfolgt, dann unterstützen sie ihr Kind entweder gar nicht oder sie beeinflussen den Integrationsprozess negativ. Wenn Sie ihre Kinder nicht unterstützen, dann kann oftmals die Expertin/der Experte dieses Unterstützervakuum ausgleichen und somit den Integrationsprozess aufrechterhalten. Wenn die Eltern den Integrationsprozess negativ beeinflussen, dann hat es auch die Expertin/der Experte wesentlich schwieriger in ihrer/seiner Arbeit mit der Jugendlichen/dem Jugendlichen. Jeweils sechs Expertinnen/Experten gaben an, dass ihnen immer wieder Eltern begegnen, die diesen Prozess negativ beeinflussen. Darunter verstehen sie zum Beispiel, dass die Eltern Druck auf ihre Kinder ausüben, dass sie schnell eine Arbeitsstelle finden oder einen Beruf erlernen müssen, den sich die Eltern für ihr Kind wünschen. Sie bringen die Jugendlichen in eine Lage, die sehr unangenehm sein kann. Zuhause werden von ihnen berufliche Ziele erwartet, die sie laut Expertinnen/Experten nie erreichen können. Unsicherheit macht sich breit. Die Expertin/der Experte sitzt dabei oft am kürzeren Ast, da die Eltern im Normalfall viel mehr Einfluss auf ihr Kind ausüben können. Darüber hinaus gaben zwei Befragte an, dass der Wissensmangel über die beruflichen Möglichkeiten vonseiten der Eltern auf den Integrationsprozess ungünstige Auswirkungen haben kann. Diese kontraproduktiven Fördermaßnahmen wurden im Kapitel 5.3 schon näher erläutert. Die These, dass wenn vonseiten der Eltern keine positive Unterstützung erfolgt, dies eine negative Auswirkung auf den Integrationsprozess hat, konnte durch diese Untersuchung bestätigt werden.

8 Zusammenfassung

Zusammenfassend kann festgehalten werden, dass aufgrund der angespannten Arbeitsmarktlage Jugendliche mit Beeinträchtigungen mehr denn je Unterstützungsangebote an der Schnittstelle Schule‑Beruf benötigen, um erfolgreich in den Arbeitsmarkt integriert werden zu können. In den letzten Jahren wurden deshalb unterschiedliche Angebote wie zum Beispiel die Berufsausbildungsassistenz und das Jugendcoaching installiert. Damit reagierte man auf die drastische Steigung der Anzahl der arbeitslosen Jugendlichen mit gesundheitlichen Vermittlungseinschränkungen. Leider konnte dieser Negativtrend noch nicht gestoppt werden. Ohne die eingeführten Unterstützungsmaßnahmen wären jedoch noch mehr Jugendliche mit Beeinträchtigungen arbeitslos. Die Organisationen an der Schnittstelle Schule ‑ Beruf leisten hervorragende Arbeit. Mit dieser Master Thesis sollte dieser Bereich genauer beleuchten werden, um die entscheidenden Fördermaßnahmen zur beruflichen Integration von Jugendlichen mit Beeinträchtigungen herauszufiltern und zu diesem auch für die Zukunft so wichtigen Thema neue Anregungen zu geben und sowohl neue als auch bereits bekannte Aspekte in der Arbeit mit beeinträchtigten Jugendlichen anzuführen sowie Möglichkeiten aufzuzeigen, wie sowohl berufliche als auch soziale Inklusionsprozesse zielgerichteter funktionieren können. Dabei wurde festgestellt, dass, wie auch in der Fachliteratur angeregt wird, die Zusammenarbeit der einzelnen Organisationen an der Schnittstelle Schule ‑ Beruf verbessert beziehungsweise erweitert werden sollte. Das ist sozusagen die Grundvoraussetzung, um überhaupt entscheidende Fördermaßnahmen anbieten zu können, da die Integration der Jugendlichen in den Arbeitsmarkt einen Prozess darstellt, der nur dann reibungslos funktioniert, wenn die beteiligten Organisationen zusammenarbeiten und darüber im Austausch miteinander stehen, welche Angebote beziehungsweise Maßnahmen sie den Jugendlichen anbieten. Die Gespräche mit den Expertinnen/Experten zeigten, dass sie sich dieser Problematik bewusst sind und auch danach streben, die Zusammenarbeit untereinander zu verbessern. Vernetzungstreffen unter den verschiedenen Trägerorganisationen des Jugendcoachings sind dazu ein kleiner Schritt in die richtige Richtung. Auch die Möglichkeit, dass man die Zusammenarbeit mit den Schulen in der 8. Schulstufe beginnt, wäre eine nächste sinnvolle Maßnahme. Weitere Lösungsansätze dazu wurden schon im Kapitel 6.1. vorgeschlagen. Dabei muss unbedingt berücksichtigt werden, dass die Zusammenarbeit von Transparenz und nicht von Konkurrenz geprägt sein sollte, da selbst die Expertinnen/Experten sich nur schwer einen Überblick über alle angebotenen Dienstleistungen verschaffen können.

Wie schon erwähnt, ist in diesem Bereich einiges an Optimierungspotenzial vorhanden, da gehen die Expertinnen/Experten und die Fachliteratur konform.

Des Weiteren kristallisierten sich einige wichtige Fördermaßnahmen heraus, die über eine erfolgreiche Vermittlung in den Arbeitsmarkt entscheiden. Interessant dabei ist, dass alle Befragten angaben, dass die Jugendlichen in ihren sozialen Kompetenzen gefördert werden müssen, da in diesem Bereich oft erhebliche Mängel vorherrschen. Erst danach nannten sie die Förderung der Berufsfindung und der Berufsorientierung. Aus meiner Erfahrung in der Arbeit mit Jugendlichen mit Beeinträchtigungen sind die sozialen Kompetenzen der Jugendlichen oft sehr mangelhaft ausgeprägt. Wenn die Jugendlichen in einer Qualifizierungsmaßnahme untergebracht sind, dann kann die zuständige Betreuungsperson sich diesem Thema widmen, wenn die Jugendlichen zum Beispiel nur durch das Jugendcoaching betreut werden, dann ist für dieses Thema definitiv keine zeitliche Ressource vorhanden. Da jedoch alle Befragten diese Problematik nannten, wäre es sicher sinnvoll, dafür zusätzliche Fördermittel zur Verfügung zu stellen.

Als weitere entscheidende Fördermaßnahmen nannten die Expertinnen/Experten das Anbieten beziehungsweise Organisieren von Schnupper- und Praktikumsplätzen, das individuelle Eingehen auf jeden Jugendlichen, psychologische Unterstützung im Bedarfsfall, Auffrischen der Kulturtechniken und gezieltes Arbeitstraining. Diese Fördermaßnahmen werden in der Praxis auch je nach vorhandenen Möglichkeiten angeboten. Ein Problem, das dabei immer wieder auftaucht ist, dass die gesetzlich festgelegten Schnuppertage nicht ausreichen, um den Jugendlichen eine realistische Arbeitserfahrung zu ermöglichen. In diesem Punkt ist die Politik aufgefordert, bessere Rahmenbedingungen zur Verfügung zu stellen.

Außerdem sind sich die Expertinnen/Experten einig, dass bei der beruflichen Förderung der Jugendlichen die Eltern eine wesentliche Rolle spielen. Wenn diese die Arbeit der Expertinnen/Experten konstruktiv unterstützen, dann tragen sie zum Gelingen der Integration in den Arbeitsmarkt bei. Problematisch wird die Zusammenarbeit dann, wenn die Eltern selbst die beruflichen Möglichkeiten ihres Kindes total unrealistisch einschätzen, oder wenn sie ihr Kind unter Druck setzen und rasche Vermittlungserfolge einfordern. Gerade im Jugendcoaching passiert es auch immer wieder, dass Eltern an einer Zusammenarbeit nicht interessiert sind und das Kind von zu Hause keinerlei Unterstützung bekommt. Dieses Problem, das auch im theoretischen Teil in Kapitel 2.3.1 erwähnt wurde, wird nur schwer zu lösen sein, da man die Eltern gesetzlich nicht verpflichten kann, sich aktiv an der Zusammenarbeit zu beteiligen.

Abschließend sei noch zu erwähnen, dass sich das Arbeitsfeld der beruflichen Integration von Jugendlichen mit Beeinträchtigungen als sehr komplex erweist und auch einem ständigen Wandel unterzogen ist. Momentan gibt es einen starken Trend zur Einführung der Aus-bildungsFit-Angebote. Kritisch dabei anzumerken ist, dass diese maximal ein Jahr von den Jugendlichen in Anspruch genommen werden können. Wenn keine Vermittlung passiert, landet die Jugendliche/der Jugendliche im nächsten Projekt. Hingegen Projekte, die den Jugendlichen länger Zeit geben können, werden immer weniger gefördert und sind schon heute kaum mehr in der österreichischen Projektlandschaft vorhanden. Ich kann diesen Trend nicht nur gutheißen, da Jugendliche, die mehr Zeit zu einer beruflichen Integration benötigen, dadurch massiv benachteiligt werden. Darüber hinaus hat sich auch bestätigt, dass sich die Probleme an der Schnittstelle Schule-Beruf, die in der Fachliteratur bekannt sind, mit den als notwendig erachtenden Fördermaßnahmen der Expertinnen/Experten meistens decken. Nichtsdestotrotz hat für mich diese Master Thesis bestätigt, dass in Österreich die Arbeit an der Schnittstelle Schule-Beruf ernst genommen wird und es großes Interesse gibt, Jugendliche mit Beeinträchtigungen zu fördern und zu integrieren. Die in dieser Untersuchung gewonnen Erkenntnisse bieten die Möglichkeit, die Integration von Jugendlichen mit Beeinträchtigungen in den Arbeitsmarkt treffsicherer durchzuführen.

9 Literaturverzeichnis

AMS (2014): Die Arbeitsmarktlage Ende Jänner 2014,
http://www.ams.at/_docs/001_monatsbericht.pdf, Abfragedatum 24.02.2014.

Atteslander, P. (2008): Methoden der empirischen Sozialforschung, 12. Auflage, Berlin,
Erich Schmidt, 125.

Biewer, G. (2005): Pädagogische und wissenschaftliche Aspekte, in: Lebenshilfe Österreich
(2005): Menschen brauchen Menschen: zum Begriff geistige Behinderung: Dokumentation
zum Workshop der Lebenshilfe Österreich am 15. September 2005 in Innsbruck,
http://www.koordinationsstelle.at/dokumente/linkliste_zum_begriff_geistige_behinderung_le
benshilfe.pdf, Abfragedatum 03.01.2014.

Bleidick, U. (2006): Behinderung, in: Antor, G., Bleidick, U. (Hrsg.): Handlexikon der
Behindertenpädagogik: Schlüsselbegriffe aus Theorie und Praxis, 2. überarbeitete Auflage,
Stuttgart, Berlin, Köln, Kohlhammer, 79-81.

bidok (2014): Problemlagen Jugendlicher mit Behinderungen in Bezug auf die berufliche
Integration, http://bidok.uibk.ac.at/library/fasching-problemlagen.html, Abfragedatum
11.07.2014.

BMASK (2011): Bundesweites arbeitsmarktpolitisches Behindertenprogramm, BABE,
http://www.bmask.gv.at/cms/site2/attachments/5/4/2/CH2209/CMS131
4607930481/babe_2012-2013.pdf, Abfragedatum 08.01.2014.

BMASK (2013): Bundesweites arbeitsmarktpolitisches Behindertenprogramm: BABE −
ÖSTERREICH 2014-2017: BEHINDERUNG - AUSBILDUNG - BESCHÄFTIGUNG,
https://www.bmask.gv.at/cms/site/attachments/6/5/6/CH
2092/CMS1387446156941/babe_2013_neu_kompl.pdf, Abfragedatum 15.03.2014.

BMASK (2012): Richtlinien Jugendcoaching, http://www.sozialministerium.at/
/cms/site/attachments/2/8/8/CH2217/CMS1220346918410/rl_jugendcoaching.pdf,
Abfragedatum 03.03.2014.

BMASK (2013): Jugend und Arbeit in Österreich, http://www.bmask.gv.at/cms/site/attachments/7/6/7/CH2124/CMS1249976411510/jugend_und_arbeit_2013_deutsch.pdf, Abfragedatum 08.01.2014.

BMUKK (2010): Der sonderpädagogische Förderbedarf: Qualitätsstandards und Informationsmaterialien, http://www.cisonline.at/fileadmin/kategorien/Der_sonderpaedagogische_Foerderbedarf-Qualitaetsstandards_und_Informations-materialien.pdf, Abfragedatum 11.03.2014.

Brackhane, R. (1996): Geistig behinderte und lernbehinderte Mitarbeiter in der Arbeitswelt, in: Die Rehabilitation, Heft 35/1996, 38-43.

Bundeskanzleramt Rechtsinformationssystem (2014): Behinderten-einstellungsgesetzt § 8 Abs. 4a – 4c, http://www.ris.bka.gv.at/Geltende Fassung.wxe?Abfrage=Bundesnormen&Gesetzesnummer=10008253, Abfragedatum 15.03.2014.

BMBF (1998): Berufliche Qualifizierung benachteiligter Jugendlicher, http://www.google.at/url?sa=t&rct=j&q=&esrc=s&source=web&cd=1&ved=0CCoQFjAA&url=http%3A%2F%2Fwww.ausbildungsvorbereitung.de%2Fdownload%2Fbqbj.pdf&ei=1xYLU_vGLc7T7AbYjIGoCA&usg=AFQjCNF5Hl_ejZEGYQyWMFvMdxiNuNLCUQ, Abfragedatum 24.02.2014.

Bundessozialamt (2014), http://www.bundessozialamt.gv.at/basb/Unternehmer Innen/Jugendcoaching, Abfragedatum 02.03.2014.

Bundschuh, K., **Heimlich**, U., **Krawitz**, R. (Hrsg.) (1999): Wörterbuch Heilpädagogik, Bad Heilbrunn, Julius Klinkhardt.

Cloerkes, G. (1997): Soziologie der Behinderten, Heidelberg, Winter.

Community - Integration/Inklusion - Sonderpädagogik (2014): Lehrplan für das Berufsvorbereitungsjahr an Sonderschulen, http://www.cisonline.at/fileadmin/kategorien/LP_BVJ.pdf, Abfragedatum 07.07.2014.

Doose, S. (2007): Unterstützte Beschäftigung: Berufliche Integration auf lange Sicht: Eine Verbleibs- und Verlaufsstudie, Marburg, Lebenshilfe-Verlag.

Fasching, H. (2004a): Problemlagen Jugendlicher mit Behinderungen in Bezug auf die berufliche Integration, in: Sasse, A., Viktovà, M., Störmer, Norbert (Hrsg.) (2004): Integrations- und Sonderpädagogik in Europa: Professionelle und disziplinäre Perspektiven, Bad Heilbrunn, Klinkhardt, 359-372.

Fasching, H. (2004b): Qualitätssicherung und -entwicklung in der beruflichen Integration, in: Vitkova, M., Pipekova, J. (Hrsg.) (2004): Sammelband zum Programm „Integrative Beratung für benachteiligte Personen am Arbeitsmarkt im Kontext der nationalen und europäischen Zusammenarbeit ", http://www.eduhi.at/dl/Fasching_2004_Qualitatssicherung.pdf, Abfragedatum 09.01.2014.

Fasching H., **Felkendorff**, K. (2007): Österreich, in: Hollenweger, J., Hübner, P., Hasemann, K. (Hrsg.) (2007): Behinderungen beim Übergang von der Schule ins Erwerbsleben: Expertenbericht aus drei deutschsprachigen Ländern, Zürich, Verlag Pestalozzianum, 67-101.

Fasching, H., **Niehaus**, M. (2004): Berufliche Integration von Jugendlichen mit Behinderungen: Synopse zur Ausgangslage an der Schnittstelle von Schule und Beruf, http://www.bwpat.de/ausgabe6/fasching_niehaus_bwpat6.pdf, Abfragedatum 09.01.2014.

Fasching, H., **Pinetz**, P. (2008): Übergänge gestalten: Pädagogische Unterstützungsangebote für junge Frauen und Männer mit Sonderpädagogischem Förderbedarf ins Arbeitsleben - eine Herausforderung für das System der beruflichen Integration, Behinderte Menschen - Zeitschrift für gemeinsames Leben, Lernen und Arbeiten 5/2008, 26-41.

Fasching, H., **Pinetz**, P. (2008): Übergänge gestalten: Pädagogische Unterstützungsangebote für junge Frauen und Männer mit Sonderpädagogischem Förderbedarf ins Arbeitsleben: Eine Herausforderung an das System der beruflichen Integration, http://bidok.uibk.ac.at/library/beh-5-08-fasching-uebergaenge.html#idp 427792, Abfragedatum 04.03.2014.

Felkendorff, K., **Lischer**, E. (Hrsg.) (2005): Barrierefreie Übergänge? Jugendliche mit Behinderungen und Lernschwierigkeiten zwischen Schule und Berufsleben, Zürich, Verlag Pestalozzianum.

Ginnold, A. (2000): Schulende ‑ Ende der Integration? Integrative Wege von der Schule ins Arbeitsleben, Neuwied/Berlin, Luchterhand.

Grunow, D. (1978): Stichworte, in: Fuchs, W., Klima, R., Lautmann, R., Wienold, H. (1978): Lexikon zur Soziologie, Opladen, Westdeutscher Verlag.

Heckl, E., **Dörflinger**, C., **Dorr**, A., **Klimmer**, S. (2008): Evaluierung der integrativen Berufsausbildung (IBA) ‑ Endbericht, http://www.bmwfj.gv.at/Berufsausbildung/lehrlingsundBerufsausbildung/Documents/endbericht_iBa.pdf, Abfragedatum 09.01.2014.

Institut für "Bildung und Innovation" (2014): Kündigungsschutz, http://www.arbeitundbehinderung.at/de/arbeitsusozialrecht/kuendigungsschutz.php, Abfragedatum 15.03.2014.

Klein, G. (2001): Sozialer Hintergrund und Schullaufbahn von Lernbehinderten/Förderschülern 1969 und 1997, in: Zeitschrift für Heilpädagogik, 2, 51-61.

König, O., **Pinetz**, P. (2009): Das Recht auf Arbeit und Beschäftigung von Menschen mit Behinderung in Österreich: Vision und Realität des aktuellen Standes der Umsetzung des Artikels 27 der UN-Konvention ‑ eine kritische Annäherung, Behinderte Menschen 1/2009, 35 ‑ 49.

Kleining, G. (1982): Umriss zu einer Methodologie qualitativer Sozialforschung, in: Kölner Zeitschrift für Soziologie und Sozialpsychologie, 34/1982, 224-253.

Lamnek, S. (2005): Qualitative Sozialforschung, 4. Auflage, Weinheim und Basel, Beltz.

Landesschulrat für Tirol (2003): Grundlagen der integrativen Berufsausbildung, http://tfbs.tsn.at/sites/tfbs.tsn.at/files/upload/grundlagen_der _iba.pdf, Abfragedatum 28.02.2014.

Lebenshilfe Österreich (2014): Über uns, http://www.lebenshilfe.at/index.php?/de/Ueber-uns/Menschen-in-den-Lebenshilfen/(nl)/1/, Abfragedatum 09.03.2014.

Markowetz, R. (2000): Identitätsentwicklung und Pubertät - über den Umgang mit Krisen und identitätsrelevanten Erfahrungen von Jugendlichen mit einer Behinderung, in: Behindertenpädagogik 39, Heft 2, 136-174.

Mayring, P. (2002): Einführung in die qualitative Sozialforschung, Weinheim und Basel, Beltz.

NEBA (2014a): Netzwerk Berufliche Assistenz, http://www.neba.at/, Abfragedatum 06.03.2014.

NEBA (2014b): Netzwerk Berufliche Assistenz, Jugendcoaching, http://www.neba.at/downloads/jugendcoaching.html, Abfragedatum 02.03.2014.

NEBA (2014c): Netzwerk Berufliche Assistenz, Jobcoaching, http://www.neba.at/downloads/jobcoaching.html, Abfragedatum 27.02.2014.

NEBA (2014d): Netzwerk Berufliche Assistenz, Berufsausbildungsassistenz, http://www.neba.at/downloads/bas.html, Abfragedatum 28.02.2014.

Niedermair, C. (2005): Brückenbau Schule - Arbeitswelt: Aufgaben der Schule an dieser Schnittstelle mit Beispielen von Good Practice in: Felkendorff, K., Lischer, E. (Hrsg.) (2005): Barrierefreie Übergänge? Jugendliche mit Behinderungen und Lernschwierigkeiten zwischen Schule und Berufsleben, Zürich, Verlag Pestalozzianum, 67.

NSW / RSE (2014): Netzwerk für sozial verantwortliche Wirtschaft, Kompetenzzentrum Lift, http://jugendprojekt-lift.ch/was-ist-lift/, Abfragedatum 05.07.2014.

Orthmann, D. (2000): Nachschulische Lebensperspektiven lernbehinderter Mädchen. Anmerkungen zum aktuellen Forschungsstand, in: Zeitschrift für Heilpädagogik, 3, 108-114.

Pöschko, H., **Meusburger**, K. (2012): 20 Jahre Arbeitsassistenz Österreich: Forschungsbericht, http://bidok.uibk.ac.at/library/poeschko-arbeitsassistenz.html #idp9365344, Abfragedatum 26.02.2014.

Prochazkova, L. (2004): Begleitung und Beratung an der Schnittstelle Schule / Beruf in Österreich, in: Vitkova, M., Pipekova, J. (Hrsg.) (2004): Sammelband zum Programm „ Integrative Beratung für benachteiligte Personen am Arbeitsmarkt im Kontext der nationalen und europäischen Zusammenarbeit ", http://www.equalcr.cz/files/clanky/908/kniha3.pdf, Abfragedatum 28.02.2014.

Puschke, M. (2005): Die internationale Klassifikation von Behinderung der Weltgesundheitsorganisation, http://bidok.uibk.ac.at/library/wzs-7-05-puschke-klassifikation.html, Abfragedatum 07.03.2014.

Schartmann, D. (2000): Der Übergang von der Schule in das Erwerbsleben: Möglichkeiten, Chancen und Risiken, in: Gemeinsam leben ‐ Zeitschrift für integrative Erziehung, Nr. 1/2000, http://bidok.uibk.ac.at/library/gl1-00-chancen.html, Abfragedatum 04.03.2014.

Schwalb, H., **Theunissen**, G., (Hrsg.) (2012): Inklusion, Partizipation und Empowerment in der Behindertenarbeit: Best-Practice-Beispiele: Wohnen ‐ Leben ‐ Arbeiten ‐ Freizeit, 2. Auflage, Stuttgart, Verlag W. Kohlhammer.
Seifert, K.-H. (1977): Handbuch der Berufspsychologie, Göttingen, Verlag für Psychologie.

Spiess, W. (2002): Lern- und Verhaltensstörungen bei ein- und demselben Kind: Koinzidenz oder Komorbidität?, in: Wittrock, M., Schröder, U., Rolus-Borgward, S., Tänzer, U. (Hrsg.): Lernbeeinträchtigung und Verhaltensstörung: Konvergenzen in Theorie und Praxis, Stuttgart, Berlin, Köln, 39.

Schröder, H. (1987): Die Berufseinmündung von Lernbehinderten, Zeitschrift für Heilpädagogik, 38, 1, 109-122.

Theunissen, G. (2005): Pädagogik bei geistiger Behinderung und Verhaltensauffälligkeiten, 4. Auflage, Bad Heilbrunn, Klinkhardt.

Theunissen, G. (2009): Empowerment und Inklusion behinderter Menschen: Eine Einführung in Heilpädagogik und Soziale Arbeit, Freiburg.

Tröster, H. (1990): Einstellungen und Verhalten gegenüber Behinderten: Konzepte, Ergebnisse und Perspektiven sozialpsychologischer Forschung, Bern, Stuttgart, Toronto, Hans Huber.

Von Daniels, S. (1998): Aspekte zur Rolle von LehrerInnen im Prozess der Übergangsphase, http://bidok.uibk.ac.at/library/daniels-uebergangsphase.html, Abfragedatum 23.2.2014.

Willand, H., **Verbeck**, J. (1994): Beruf ‐ Kernstück von Integration. Berufs- und Lebensbewährung Lernbehinderter als Kriterium für die Legitimation und Leistungsfähigkeit von Fördereinrichtungen für Lernbehinderte, in: Zeitschrift für Heilpädagogik, 7, 434-451.

WUK (2014): CoachingPlus, http://clearingplus.wuk.at/WUK/BERATUNG_ BILDUNG/WUK_Bildung_und_Beratung/CoachingPlus/Angebot/Gruppenangebote, Abfragedatum 29.06.2014.

10 Tabellen- und Abbildungsverzeichnis

11 Grafikverzeichnis

12 Abkürzungsverzeichnis

AMS   Arbeitsmarktservice

BEinstG   Behinderteneinstellungsgesetz

bidok   behinderung inklusion dokumentation

BMASK   Bundesministerium für Arbeit, Soziales und Konsumentenschutz

BMUKK   Bundesministerium für Unterricht, Kunst und Kultur

BMBF   Bundesministerium für Bildung und Forschung

k. A.   keine Angabe

m   männlich

NEBA   Netzwerk berufliche Assistenz

NSW / RSE   Netzwerk für sozial verantwortliche Wirtschaft / Rèseau pour la responsabilitè sociale dans l`èconomie

vgl.   vergleiche

w   weiblich

WUK   Werkstätten- und Kulturhaus

Hrsg.   Herausgeber